Fitnesstraining für den Kopf

Charles Phillips

Fitnesstraining für den Kopf

50 Rätsel für KREATIVES DENKEN

ARISTON α

Für Alison, Jim & Tom

Aus dem Englischen von Marion Zerbst

Die Originalausgabe dieses Buches erschien 2009 unter dem Titel
How to think. 50 puzzles for creative thinking bei Eddison Sadd Editions.

Bibliografische Information der Deutschen Bibliothek

Die Deutsche Bibliothek verzeichnet diese Publikation
in der Deutschen Nationalbibliografie; detaillierte bibliografische Daten
sind im Internet unter http://dnb.ddb.de abrufbar.

Umschlaggestaltung: Weiss / Zembsch / Partner: Werkstatt/München
Satz: EDV-Fotosatz Huber/Verlagsservice G. Pfeifer, Germering
Printed in Singapore

ISBN: 978-3-424-20002-7

INHALT

EINLEITUNG Kreatives Denken 6

LEICHTE RÄTSEL Aufwärmen 11

MITTELSCHWERE RÄTSEL Basistraining 29

SCHWERE RÄTSEL Intensivtraining 49

DIE HERAUSFORDERUNG 67

DIE LÖSUNGEN 73

WEITERFÜHRENDE LITERATUR 92

NOTIZEN 93

ÜBER DEN AUTOR 96

Kreatives Denken

Würden Sie sich gerne besser ausdrücken können oder kreativer sein? Dieses Buch zeigt einfache Strategien, mit denen Sie Ihre angeborene Kreativität zutage fördern und sich dieses Talent beim Studium, bei der Arbeit und im Alltagsleben zunutze machen können.

Viele Menschen unterschätzen ihre Kreativität und trauen sich in dieser Hinsicht nicht viel zu – vielleicht nur, weil sie es noch nie versucht oder nicht gleich auf Anhieb die gewünschten Fortschritte erzielt haben. Doch man kann alle mentalen Tätigkeiten trainieren – auch das kreative Denken. Das menschliche Gehirn hat ungeheure Fähigkeiten und ist sehr formbar und anpassungsfähig; daher kann jeder Mensch etwas lernen und sich verändern, wenn er will. Jedes Gehirn enthält Milliarden von Nervenzellen (Neuronen), und jedes Neuron kann mit Zehntausenden anderer Nervenzellen in Kontakt treten. Unser Gehirn stellt in jeder Sekunde eine Million neuer Neuronenverbindungen her – wenn wir uns also eine Aufgabe vornehmen und dranbleiben, können wir erstaunliche Fortschritte erzielen!

Falls Sie sich in puncto Kreativität bisher nichts zugetraut haben, dann wird es Zeit, sich darin zu üben. Doch auch wenn Sie sich bereits für einen kreativen Menschen halten, können Sie dieses Talent immer noch weiterentwickeln. Fangen Sie jetzt gleich damit an – mithilfe der Rätsel, Tipps und Strategien in diesem Buch. Es gibt ein paar hilfreiche Prinzipien, die Ihnen das kreative Denken erleichtern werden:

DENKEN SIE POSITIV. Machen Sie sich klar, dass Sie von Natur aus kreativ sind, wie alle Menschen – und dass es Methoden und Techniken zur Verbesserung Ihrer kreativen Fähigkeiten gibt, die Sie erlernen können. Eine der größten Kreativitätsblockaden ist die Angst, Fehler zu machen. Also glauben Sie an sich und bringen Sie Ihre kritische innere Stimme zum Schweigen. Das gilt erst recht, wenn Sie im Berufsleben Menschen führen müssen und Ihre Mitarbeiter zu mehr Kreativität anspornen möchten: Ermutigen Sie sie und geben Sie ihnen positives Feedback!

NUTZEN SIE DIE MACHT DER VERÄNDERUNG. Veränderungen regen die Kreativität an. Schon eine winzig kleine Veränderung kann Ihrem Denken neue Impulse geben. Also stellen Sie ruhig einmal Ihren Schreibtisch um; fahren Sie statt mit dem Auto mit dem Bus zur Arbeit oder gehen Sie zu Fuß; probieren Sie eine neue Frisur aus oder fahren Sie spontan für ein paar Tage ins Blaue.

UND VOR ALLEM REDEN SIE! Wenn wir mit anderen Menschen zusammenarbeiten, ist unser Gehirn gleich viel aktiver. Also nutzen Sie die Vorteile kooperativen Denkens. Ergreifen Sie jede Gelegenheit, sich mit anderen Leuten zu unterhalten – beim Einkaufen, im Freundeskreis, beim Abendessen mit der Familie. Natürlich können Sie beispielsweise auch während der Arbeit Selbstgespräche führen.

Der Psychologe und Buchautor Edward de Bono hat ein paar hilfreiche Ideenfindungs-Strategien entwickelt, die verschiedene Bereiche unseres Denkens aktivieren. Wir können zum Beispiel unser zukunftsorientiertes, optimistisches Denken ins Spiel bringen, indem wir uns fragen: *Welche positive Seiten hat diese Idee?* Wir können unsere Emotionen ansprechen, indem wir uns überlegen: *Was finde ich an dieser Sache faszinierend? Was flößt mir Angst ein?* Oder wir befragen unser logisches Denkvermögen: *Bin ich auch ganz sicher, dass A wirklich aus B folgt?*

BLEIBEN SIE LOCKER UND BETRACHTEN SIE DIE DINGE VON IHRER HUMORVOLLEN SEITE. Entspannte Menschen sind automatisch kreativer. Einfache Atem- und Meditationsübungen können Ihnen zur Entspannung verhelfen. Auch Lachen fördert die Kreativität. Blödeln Sie ruhig einmal mit anderen Leuten herum, lesen Sie lustige Bücher oder schauen Sie sich Filme an, die Sie zum Lachen bringen; und verbringen Sie möglichst viel Zeit mit Menschen, die Sie amüsant finden. Hirnforscher haben festgestellt, dass Lachen und das damit einhergehende Gefühl der Entspannung unsere Gehirnwellen verändern und uns zu kreativem Denken befähigen.

DIE RÄTSEL IN DIESEM BUCH. Das Buch enthält Rätsel in drei Schwierigkeitsgraden. Für jeden Schwierigkeitsgrad ist ein bestimmtes Zeitlimit vorgegeben. Das setzt Sie ein wenig unter Druck, denn oft können wir besser denken, wenn wir ein konkretes Ziel verfolgen oder unter Zeitdruck stehen. Aber wenn Sie ein bisschen länger für diese Rätsel brauchen als vorgesehen, ist das auch nicht schlimm – nehmen Sie es nicht so tragisch und üben Sie weiter.

Für die Rätsel, die mit dem Hinweis »Zeitbonus« gekennzeichnet sind, dürfen Sie ruhig etwas mehr Zeit investieren – nicht weil sie schwieriger sind, sondern weil sie einfach mehr Denkarbeit vorab erfordern. Ab und zu geben wir Ihnen auch einen kleinen Denkanstoß, und bei den Rätseln weiter hinten im Buch finden Sie außerdem immer wieder Platz für Notizen. Der letzte Teil – die Herausforderung – bietet Ihnen Gelegenheit, sich in Ihren neu erworbenen kreativen Denkfähigkeiten zu üben. Dafür geben wir Ihnen 10 bis 15 Minuten Zeit, damit Sie die Aufgabe gründlich durchdenken und sich vielleicht auch ein paar Notizen machen können.

Aber setzen Sie sich nicht unter Leistungsdruck. Nehmen Sie sich für besonders schwierige Aufgaben so viel Zeit, wie Sie benötigen – wichtig ist nur, dass Sie dabei unsere kreativen Denkanstöße beherzigen. Sie werden die positiven Wirkungen dieser Übungen garantiert bald spüren – in der Arbeit und auch im täglichen Leben!

SCHWIERIGKEITSGRAD	ZEITVORGABE
LEICHT = AUFWÄRMEN	1–2 MINUTEN
MITTEL = BASISTRAINING	3–4 MINUTEN
SCHWER = INTENSIVTRAINING	5–6 MINUTEN
ZEITBONUS	6+ MINUTEN
DIE HERAUSFORDERUNG	10–15 MINUTEN

50 Rätsel für KREATIVES DENKEN

Nicht vergessen:

Entspannen Sie sich! Denken Sie **positiv!**

Brechen Sie aus **gewohnten Denkmustern** aus!

Reden Sie mit sich **UND ANDEREN!**

Glauben Sie an Ihr Denkvermögen –

erlauben Sie sich, **kreativ** zu sein!

LEICHTE Rätsel für KREATIVES DENKEN

Die Rätsel im ersten Teil sind eine »Aufwärmübung« für Ihr kreatives Denken. Wer kreativ sein will, muss visuell denken können. Diese Rätsel sollen Ihre Beobachtungs- und Visualisationsgabe stärken. Schauen Sie sich die Bilder genau an – aber hinterfragen Sie auch, was Sie sehen. Versuchen Sie die Rätsel einmal aus anderen, ungewohnten Perspektiven zu betrachten und halten Sie dabei auch das Unmögliche für möglich – Sie werden staunen, welch kreative Leistungen dabei herauskommen!

BAGUETTE-BONANZA

Der Bäcker Christoph fährt mit dem Rad und einem Korb voll frischer Baguettes durch sein Dorf und summt die »Marseillaise« vor sich hin. Da kommt seine erste Kundin und kauft ihm die Hälfte seiner Baguettes und dazu noch ein halbes Baguette ab. Wenig später kauft der Dorfpfarrer ebenfalls die Hälfte von dem, was der Bäcker in seinem Korb hat, und noch ein halbes Baguette dazu. Zum Schluss wiederholt der kleine Vincent das Ganze: Er kauft die Hälfte der Brote und noch ein halbes Brot dazu. Christoph ist froh: Er hat alle seine Baguettes verkauft und brauchte kein einziges in der Mitte entzweizubrechen! Wie kann das sein? Wie viele Brote hatte er am Anfang?

DENK-ANSTOSS

Rechnen Sie – aber gehen Sie kreativ mit den Zahlen um!

OBERST OLIVER

Welches der vier Porträts von Oberst Oliver im kleinen Kasten unten rechts (A–D) passt in den leeren Kreis mit dem Fragezeichen?

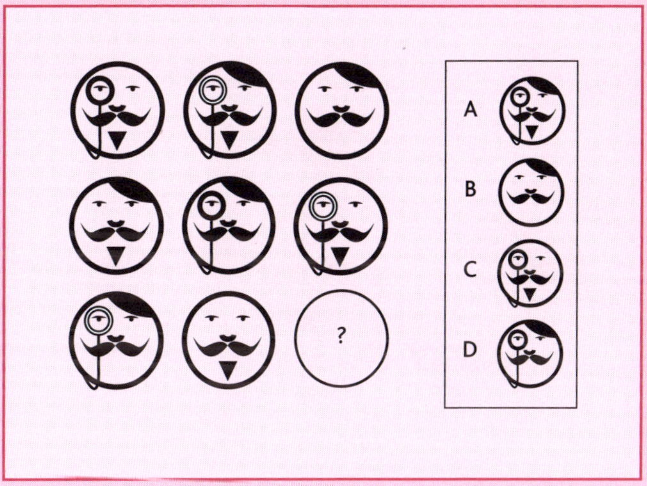

DENK-ANSTOSS

Achten Sie darauf, wie sich das Gesicht des Obersts verändert!

ALLER GUTEN DINGE SIND DREI

Wie gut sind Sie im Kopfrechnen? Suchen Sie sich einen Weg von einem Kästchen in der obersten zu einem Kästchen in der untersten Reihe. Sie dürfen dabei nur durch Kästen mit Zahlen hindurchkommen, die sich durch drei teilen lassen! Diagonale Züge sind nicht erlaubt.

44	87	14	76	52	27	70	85	43
64	48	44	12	9	42	75	35	45
14	51	46	79	49	16	54	56	75
8	15	72	63	27	74	42	38	78
16	21	55	50	57	67	43	44	93
18	24	22	51	99	81	75	91	18
21	79	77	31	16	17	24	94	27
90	89	96	84	93	69	42	73	48
26	91	54	53	65	88	58	19	12

DENK-ANSTOSS

Wenn sich die Quersumme einer Zahl durch drei teilen lässt, dann ist auch die Zahl durch drei teilbar.

1–2 MINUTEN

BUCHSTABENWÜRFEL

Wenn man den unten stehenden Grundriss zu einem Würfel faltet, kann daraus nur einer der rechts daneben abgebildeten fünf Buchstabenwürfel (A–E) entstehen. Welcher?

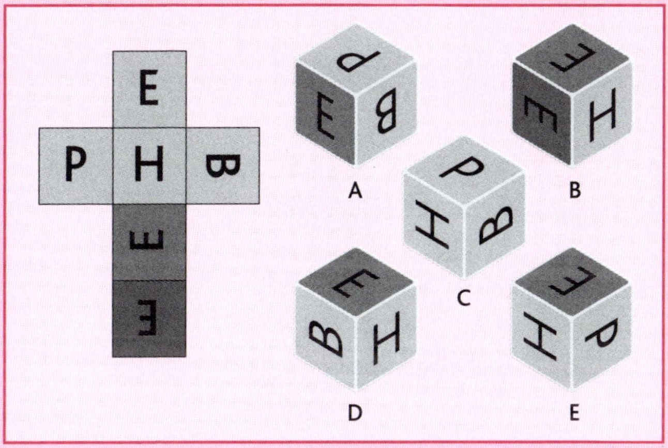

DENK-ANSTOSS

Denken Sie darüber nach, welche Buchstaben auf jeweils aneinander angrenzenden Flächen des fertigen Würfels stehen. Wenn Sie dieses Rätsel gelöst haben, fällt Ihnen vielleicht auch ein gutes Spiel ein, das man mit mehreren Buchstabenwürfeln spielen könnte?

EINE GANZ BESONDERE VASE

Eine der unten stehenden Vasen unterscheidet sich von allen anderen. Welche? Die Fähigkeit, sich zu konzentrieren und Unterschiede möglichst rasch zu erfassen, ist für alle Denkaufgaben wichtig.

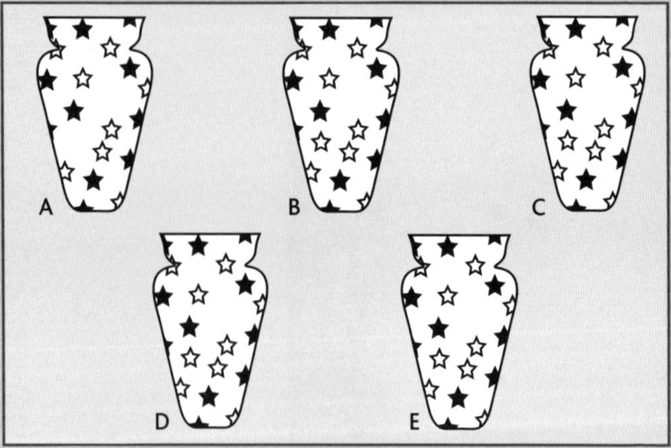

DENK-ANSTOSS

Schauen Sie genau hin – am besten zweimal. Sie können auch die Sterne nachzählen.

MISS SHAWS AUSSCHNEIDEFORMEN I

Die achtjährigen Schüler von Miss Shaw haben mit der Schere verschiedene Formen aus Pappe ausgeschnitten. Miss Shaw bewahrt die Formen in ihrer Schreibtischschublade auf. Beim Elternabend will sie sie ausstellen – aber sie möchte keine zwei identischen Formen dabeihaben. In ihrer Schublade liegen die unten abgebildeten Formen. Eine davon kommt zweimal vor. Können Sie Miss Shaw helfen, die Dublette zu finden?

DENKANSTOSS

Sie brauchen schon ein ziemlich scharfes Auge, um dieses Rätsel innerhalb der vorgegebenen Zeit zu lösen, denn einige Formen überschneiden sich.

IMMER DER NASE NACH

Tom und seine Eltern besuchen ein Landhaus mit einem Irrgarten. Während die Eltern den Irrgarten betreten, läuft Tom seinem Hund hinterher, der zwischen den Bäumen herumtollt. Doch schließlich entdeckt auch er den Irrgarten. Wie kommt er möglichst schnell vom Eingang oben links zum Ausgang unten rechts? Am Ausgang gibt es ein Café, und von dort lockt ein köstlicher Duft zu ihm herüber. Deshalb hat er es verständlicherweise eilig. Können Sie ihm helfen?

DENKANSTOSS

Dieses erste Irrgarten-Rätsel ist vielleicht einfacher für Sie, wenn Sie den Weg mit dem Bleistift nachzeichnen, statt ihn nur mit den Augen zu verfolgen.

SYMBOL-SUDOKU I

Können Sie die leeren Kästchen in dem Quadrat so füllen, dass alle sechs Symbole in jeder Reihe und jeder Spalte nur jeweils einmal vorkommen? Dieses Rätsel funktioniert wie ein normales Zahlen-Sudoku – die Zahlen wurden lediglich durch Symbole ersetzt.

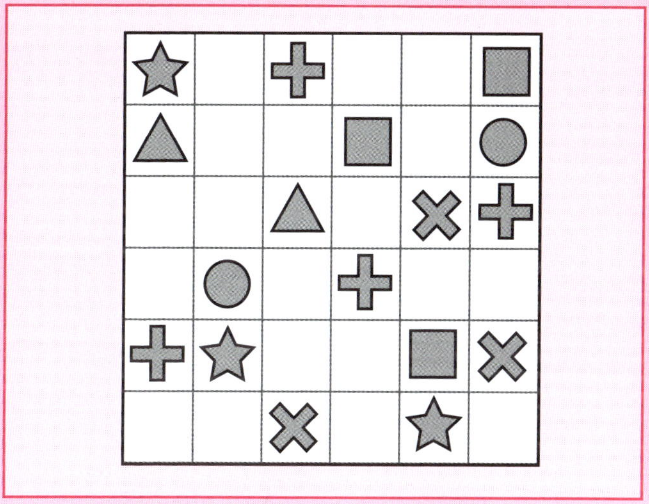

DENK-ANSTOSS

Suchen Sie die einzelnen Reihen und Spalten mit den Augen ab. Wo kann man besonders leicht erkennen, welche Symbole fehlen? Fügen Sie zunächst diese Symbole ein.

IMMER ÄRGER MIT DER UHR

Dexters Uhr geht jede Stunde um vier Minuten vor. Zuletzt hat er seine Uhr heute Morgen um 11 Uhr geprüft und richtig gestellt. Jetzt ist es 16.15 Uhr – und welche Zeit zeigt Dexters Uhr?

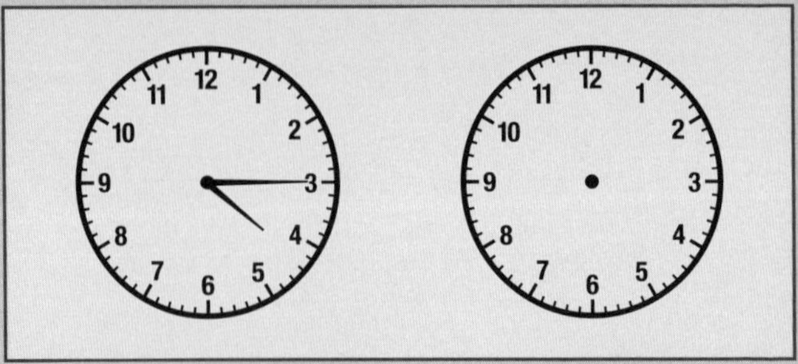

NUR KEINE HEKTIK, MAGGIE!

Maggie hasst Bügeln; aber wenn sie immer nur zehn Minuten lang bügelt und sich dann fünf Minuten Pause gönnt, ehe sie weitermacht, findet sie es zumindest erträglich. Gestern hat sie insgesamt zwei Stunden lang gebügelt (die Pausen nicht mitgerechnet). Sie hat um 11.15 Uhr mit dem Bügeln angefangen. Um wie viel Uhr hat sie aufgehört?

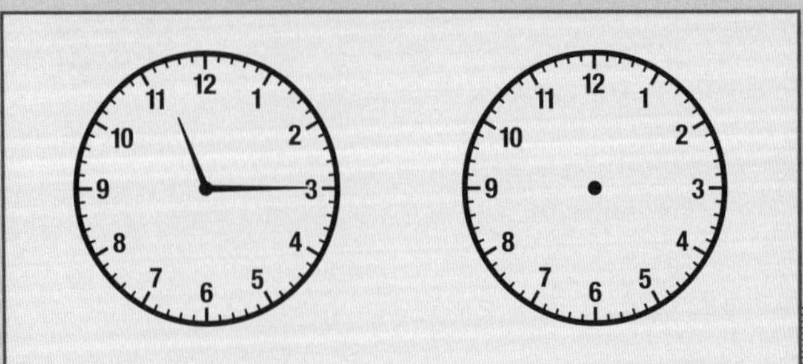

1–2 MINUTEN

DAMIANS DOMINO-MAUER

Als Denkaufgabe für seinen Bruder Declan baut Damian eine Mauer aus zehn Dominosteinen und verdeckt dann die Zahlenflächen von sieben Steinen mit Papier. Können Sie Declan helfen, die darunter abgebildeten fehlenden Dominosteine an die richtige Stelle in der Mauer zu setzen? Jede aus vier Zahlen bestehende senkrechte Linie muss zusammen die Summe 8 ergeben; das gilt auch für die beiden nur jeweils aus zwei Zahlen bestehenden senkrechten Linien rechts und links außen. Die Steine der zweiten waagerechten Reihe ergeben zusammen 17; die dritte waagerechte Reihe ergibt 5.

DENK-ANSTOSS

Sobald Sie einen Dominostein richtig platziert haben, streichen Sie ihn unten durch, damit Sie ihn nicht aus Versehen doppelt verwenden.

LEITERSPIEL

Serena und John wollen im Zug das beliebte Leiterspiel spielen. Aber sie müssen sich eine etwas andere Spielversion ausdenken, denn sie haben zwar ein Spielbrett, aber weder Würfel noch Figuren. Also bitten sie ihren Freund, ihnen statt der Würfelergebnisse imaginäre Punktzahlen vorzugeben. Er plant auf diese Weise das ganze Spiel für sie voraus und sagt, dass es eine gute Denkübung für die beiden sein wird, es im Kopf zu spielen – ohne Figuren. Doch leider endet das Spiel im Streit, weil die beiden sich nicht darüber einigen können, wer gewonnen hat.

Können Sie den beiden helfen? Ihr Freund hat folgende Spielregeln und Punktzahlen festgelegt:

John würfelt imaginär eine 6 und darf deshalb anfangen. Er setzt seine Spielfigur in Gedanken auf die 6. Serena würfelt, immer wenn sie dran ist, nacheinander eine 6, dann eine 4, dann eine 2, dann eine 5, dann eine 3 und zum Schluss eine 1; also setzt sie ihre Figur zuerst auf Feld 6, dann auf Feld 10, und so weiter. John würfelt nach seinem ersten Wurf (der 6) zuerst eine 2, dann eine 4, dann wieder eine 6, dann eine 1, dann eine 3 und schließlich eine 5, zieht in Gedanken also zuerst auf Feld 8, dann auf Feld 12, und so weiter. Die beiden halten sich dabei an die üblichen Spielregeln: Immer wenn jemand auf das Anfangsfeld einer Leiter kommt, rutscht er mit seiner Spielfigur ans obere Ende der Leiter; wer auf ein Feld mit dem Kopf einer Schlange gerät, muss bis zum Schwanz der Schlange zurückrutschen. Gewonnen hat, wer zuerst auf Feld 100 ankommt.

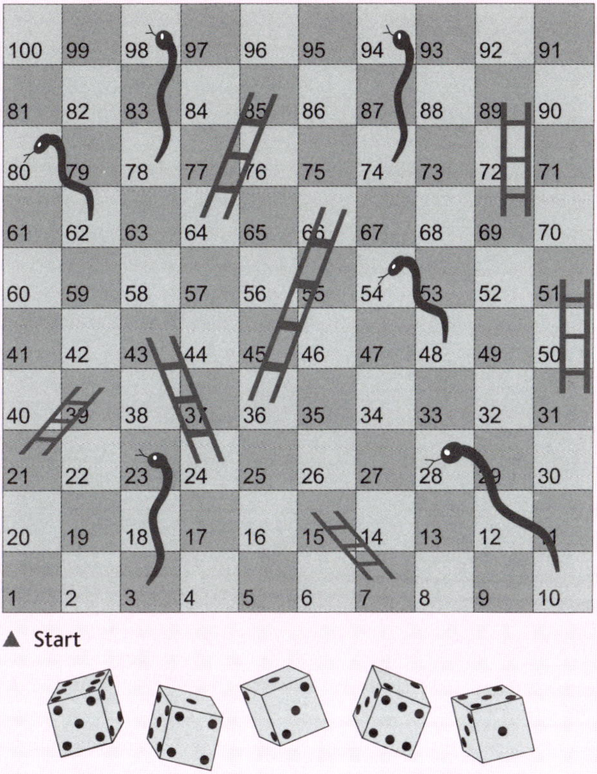

DENK-ANSTOSS

Das hier ist ein Zeitbonus-Rätsel, weil man dabei ziemlich lange überlegen muss. Am besten ist es, die einzelnen Spielzüge im Kopf nachzuvollziehen; doch selbst wenn Sie sie mit dem Finger auf dem abgedruckten Spielbrett nachfahren, ist das Rätsel immer noch eine gute Übung für Ihr Visualisierungsvermögen und Ihr Gedächtnis.

KEIN RAD IST WIE DAS ANDERE

Alex ist ein begeisterter Motorradfahrer. Die unten stehenden fünf Bilder zeigen Alex auf seinem Motorrad und unterscheiden sich jeweils in einem Merkmal von den vier anderen. Finden Sie die Unterschiede?

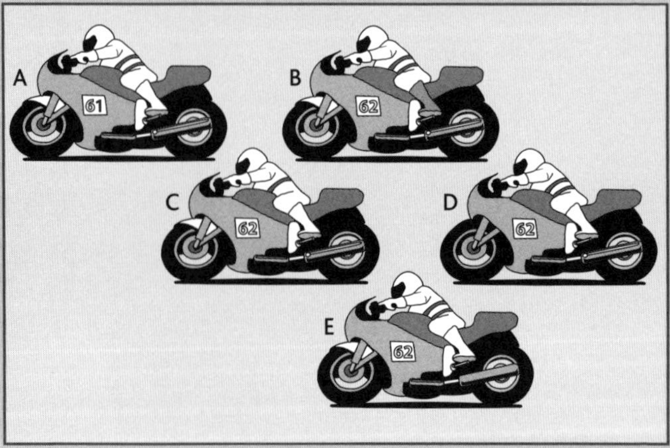

DENK-ANSTOSS

Vergleichen Sie zunächst nur zwei Motorräder miteinander, um die verschiedenen Bildelemente der Reihe nach in sich aufzunehmen.

MIT VOLLDAMPF VORAUS

Anna zeichnet Bilder einer Dampflok für ein Kinderbuch mit dem Titel *Mit Volldampf voraus*, das sie zusammen mit ihrer Schwester Maria schreibt. Da Maria zwei genau gleich aussehende Bilder benötigt, fertigt Anna eine exakte Kopie einer Zeichnung an. Doch dann fällt leider der Stapel mit den Zeichnungen auf den Boden, und sie geraten alle durcheinander. Finden Sie heraus, welche zwei Bilder genau gleich aussehen?

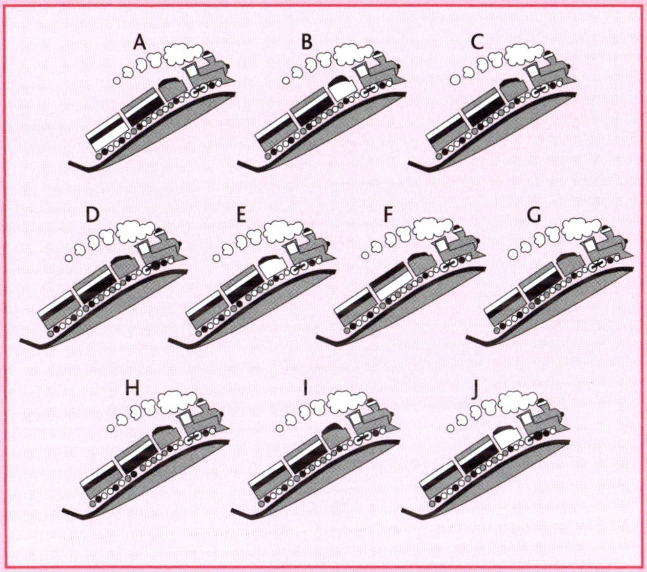

DENK-ANSTOSS

Sortieren Sie erst einmal alle Zeichnungen aus, die sich eindeutig voneinander unterscheiden. Als Nächstes können Sie sich auf die Bilder mit den feineren Unterschieden konzentrieren.

SCHIFFE VERSENKEN I

Dies ist das erste von mehreren Rätseln auf der Basis des beliebten Spiels *Schiffe versenken*. In unserem Rätsel zeigen die Zahlen rechts und unter dem Spielfeld an, wie viele einzelne oder nebeneinanderliegende Felder in den Reihen und Spalten von Schiffen oder Bojen besetzt sind. Können Sie das Spielfeld so ausfüllen, dass es drei Kreuzer, drei Barkassen und drei Bojen enthält?

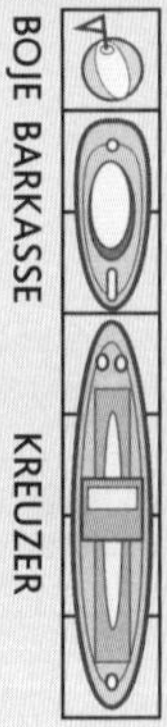

						1 1 1
						2
						1 4
						1 1 1
						4 1
						2 1
1 3	1	1 2	6	2	1 4	

DENK-ANSTOSS

Überlegen Sie, wie viele verschiedene Möglichkeiten es gibt, mit den vorgesehenen Objekten vier nebeneinander liegende Kästchen auszufüllen.

MISS SHAWS AUSSCHNEIDEFORMEN II

Miss Shaw findet in einer zweiten Schreibtischschublade jetzt auch noch Kreise, Quadrate, Dreiecke und Sterne, die ihre Schüler im Mathematikunterricht ausgeschnitten haben. Ihr Kollege bittet sie, die Formen mit zwei dünnen Stäben (einer von oben nach unten, der andere von links nach rechts) so aufzuteilen, dass vier Felder entstehen. Jedes Feld soll vier verschiedene schwarze und vier verschiedene weiße Formen (Stern, Kreis, Dreieck und Quadrat) enthalten. Wie macht Miss Shaw das?

DENKANSTOSS

Konzentrieren Sie sich zunächst auf eine einzige Form (z. B. auf die Quadrate) und versuchen Sie vier Felder zu schaffen, von denen jedes eine dieser Formen enthält.

MITTEL-SCHWERE Rätsel für KREATIVES DENKEN

Der zweite Teil enthält Rätsel von mittlerem Schwierigkeitsgrad, bei denen Ihr kreatives Denken schon ein bisschen mehr gefordert ist. Wahrscheinlich beherrschen Sie diese Denkweise inzwischen auch schon besser und können leichter mit kniffligen Rätseln umgehen. Vergessen Sie nicht, dass Kommunikation Ihnen die Arbeit erleichtert; also führen Sie bei der Suche nach Lösungen ruhig Selbstgespräche! Fragen Sie sich: *Was wäre, wenn …?* und: *Warum eigentlich nicht?* So können Sie sich besser konzentrieren und kommen leichter auf neue Ideen. Vielleicht springt Sie die richtige Lösung ganz plötzlich an, wie es beim kreativen Denken häufig passiert!

PROFESSOR GREENACRES KEKSE

Professor Greenacre hat zwei große Leidenschaften: Geometrie und Backen. Und er testet auch gerne die visuelle Intelligenz seiner Gäste. Heute hat er Kekse in verschiedenen Formen ausgestochen und in Mustern auf vier fünfeckige Backbleche gelegt. Eines der Tabletts nimmt er weg, versteckt es und zeichnet dafür die unten abgebildeten Pläne A, B, C und D. »Welcher dieser vier Pläne«, fragt er seinen Freund, »entspricht dem fehlenden Keksmuster?«

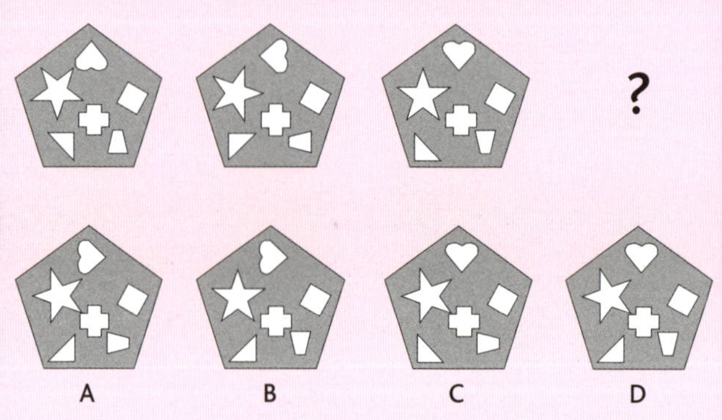

DENK-ANSTOSS

Sein Freund schaut sich die Ausrichtung der einzelnen Formen genau an.

CAMPING UNTER KONIFEREN

Camp Conifer ist ein großer Campingplatz mit vielen Bäumen. So haben alle Campingurlauber jede Menge Schatten. Der unten stehende Lageplan zeigt, wo die Bäume stehen. Zeichnen Sie bei jedem Baum ein Zelt ein. Es sollte entweder direkt oberhalb oder unterhalb des Baums oder links oder rechts daneben stehen; es dürfen keine zwei Zelte direkt aneinander angrenzen (nicht einmal diagonal). Die Zahlen an den Enden der Reihen und Spalten zeigen an, wie viele Zelte sie enthalten sollen.

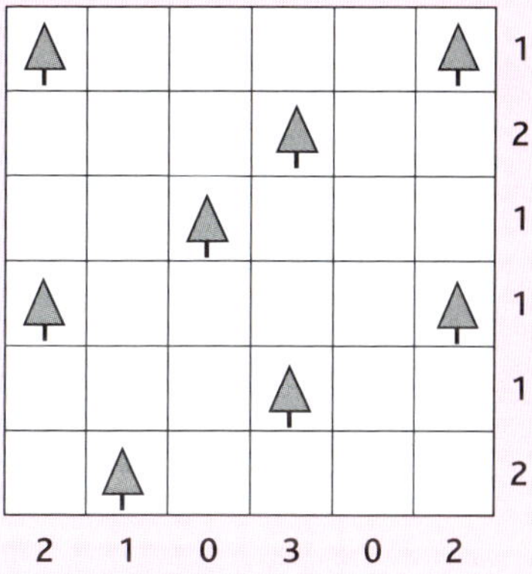

DENK-ANSTOSS

Wie bei vielen kreativen Denkaufgaben gilt auch hier: Ziehen Sie keine voreiligen Schlüsse, sondern denken Sie lieber erst mal genau nach!

MR. SCHUMMS ZAHLENIRRGARTEN

Miss Shaws Kollege Mr. Schumm (vgl. Rätsel 16) unterrichtet eine Klasse, die Mathematik ganz besonders gern mag. Um seinen Schülern eine Freude zu machen, hat er auf dem Schulhof einen Zahlenirrgarten eingezeichnet. »Geht von oben nach unten durch diesen Irrgarten, ohne eines der Felder mehrmals zu betreten«, fordert er sie auf. »Dabei muss aus den Zahlen eine Summe entstehen!«

DENK-ANSTOSS

Vielleicht führt der Weg nicht immer gerade zum Ziel – machen Sie sich auf ein paar Zickzacklinien gefasst!

ZEIT-BONUS

SPIEGELBILD I

Richtig vervollständigt, entsteht aus dem unten stehenden Plan mit den schwarz ausgefüllten Quadraten ein symmetrisches Bild; die Symmetrieachse verläuft in der Mitte von oben nach unten. Können Sie das Bild so vervollständigen, dass zwei genau zusammenpassende Hälften entstehen?

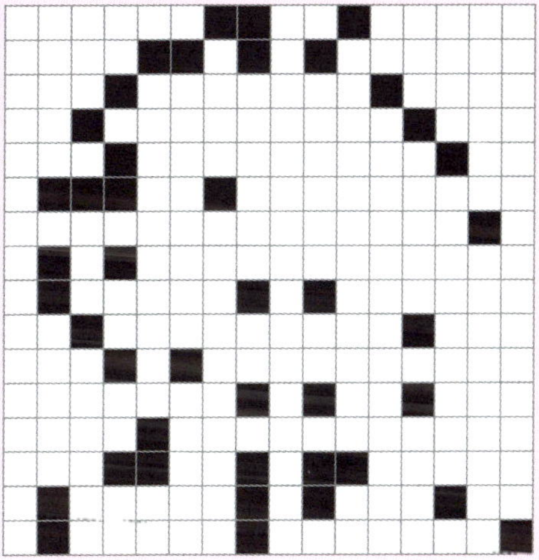

DENK-ANSTOSS

Bei diesem Rätsel sind Logik und visuelles Vorstellungsvermögen gefragt. Sobald Sie die senkrechte Mittellinie eingezeichnet haben, brauchen Sie nur noch schwarze Felder hinzuzufügen, die den bereits vorhandenen entsprechen.

TOM VERDIENT SICH EIN EIS

Nachdem Tom und seine Eltern gegessen haben (vgl. Rätsel 7), entdecken sie auf der hinteren Seite des Landhauses noch einen Irrgarten. Die Eltern und der Hund möchten lieber in der Sonne liegen und sich ausruhen; aber Tom ist gespannt auf den Irrgarten. Also macht sein Vater ihm ein Angebot: Wenn er innerhalb von 3–4 Minuten hindurch findet, bekommt er zur Belohnung ein Eis. Der Eingang ist oben rechts, der Ausgang unten rechts.

DENKANSTOSS

Dieses Mal ist kein Bleistift mehr erlaubt! Versuchen Sie Toms Weg mit den Augen zu verfolgen, um Ihre kreativen grauen Zellen zu trainieren.

ANDREAS VASEN

Töpferin Andrea liefert dem Geschäftsführer eines Restaurants vier genau gleich aussehende Vasen. Eine etwas andere Vase ist für eine Kunstgalerie bestimmt. Doch unterwegs geraten die Vasen in ihrem Auto durcheinander. Können Sie Andrea helfen, die Vase für die Galerie herauszusuchen, die ein bisschen anders aussieht als alle anderen?

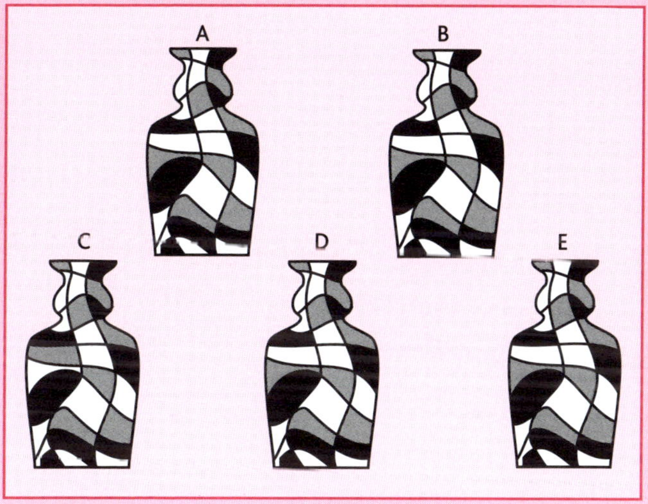

DENK-ANSTOSS

Schauen Sie sich die Umrisse der einzelnen Vasen an und überprüfen Sie die verschiedenfarbigen Felder der Reihe nach.

MISS SHAWS AUSSCHNEIDEFORMEN III

Miss Shaw (siehe Rätsel 6 und 16) hat schon wieder Ausschneideformen zum Aussortieren gefunden. Diesmal möchte sie für ihre Ausstellung am Elternabend eine Form finden, die zweimal vorhanden ist. Können Sie ihr helfen, die einzigen zwei identisch aussehenden Formen in der unten stehenden Sammlung zu finden? Da die Eltern bald kommen, muss es ihr innerhalb von 3–4 Minuten gelingen!

DENK-ANSTOSS

Beachten Sie, dass sich einige Formen überschneiden!

BENS FLIESEN

Ben verlegt handgefertigte Fliesen an der Wand eines mexikanischen Restaurants. Wegen eines Krankheitsfalls in der Familie kann er seine Arbeit nicht zu Ende führen und bittet seinen Kollegen, die letzte Fliese anzubringen. Dazu muss dieser aus den rechts abgebildeten Fliesen (A–D) die richtige heraussuchen, die in das begonnene Muster passt. Können Sie ihm helfen?

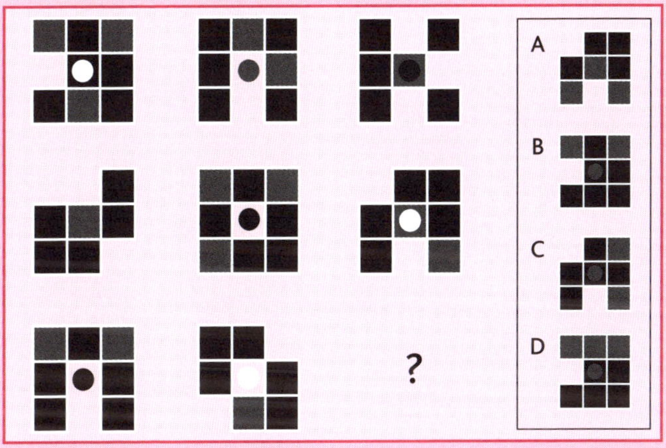

DENK-ANSTOSS

Überlegen Sie, ob es bei dem Muster, das die Fliesen bilden, auf die Quer- oder Längsreihen (oder auf beides) ankommt!

ZAHLENWÜRFEL

Wenn man den unten stehenden Grundriss zu einem Würfel faltet, kann daraus nur einer der rechts abgebildeten Zahlenwürfel (A–E) entstehen. Welcher?

DENK-ANSTOSS

Versuchen Sie sich bildlich vorzustellen, welche Zahlen auf jeweils aneinander angrenzenden Flächen des fertigen Würfels zu sehen sind.

LASSER

In dem Video-Lernspiel *Life* hat ein verrückter Wissenschaftler ein neues Element namens »Lasser« entwickelt, das die Eigenschaften von Wasser und Luft in sich vereinigt. In diesem Element leben Fische, Ameisen und Schmetterlinge glücklich und zufrieden nebeneinander. Ihre Aufgabe: Teilen Sie diesen Lebensraum mit drei geraden Linien in fünf Felder. Jedes Feld darf jeweils nur einen Schmetterling, einen Fisch und eine Ameise enthalten.

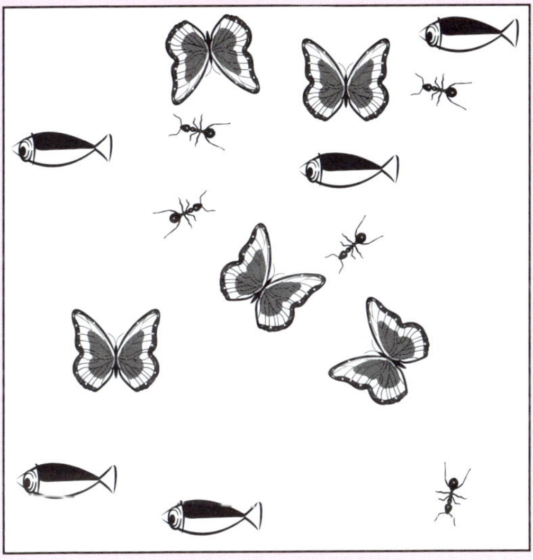

DENK-ANSTOSS

Was meinen Sie: Sollen die drei Linien sich überkreuzen oder nicht?

DAS VERSTECKTE BILD

Auf dem folgenden Plan müssen Sie einige Felder farbig ausfüllen, damit ein Bild entsteht. Die Zahlen an den Seiten geben an, wie viele nebeneinanderliegende Felder in der betreffenden Reihe oder Spalte ausgemalt werden müssen. Jeder Block mit ausgefüllten Feldern muss mindestens durch ein weißes Feld vom nächsten Block getrennt sein. So könnte die Angabe »3, 2« beispielsweise folgende Reihenfolge bedeuten: kein oder ein oder mehrere weiße Felder, dann drei farbige Felder, dann mindestens ein weißes Feld, dann wieder zwei farbige Felder und zum Schluss beliebig viele weiße Felder.

	1	9	3 2	3 2	3 5	7 1	3 2 1	5 2 1	5 2 1	3 2 1	9	1
2												
2												
8												
10												
12												
1 1 1												
1 1 1												
10												
10												
1 1 1												
1 1 1												
1 7												

SYMBOL-SUDOKU II

Hier kommt ein weiteres »etwas anderes« Sudoku. Wie in Rätsel 8 sollen Sie die leeren Felder ausfüllen – aber eben nicht mit Zahlen, sondern mit Symbolen. Um das Rätsel ein bisschen schwieriger zu machen, arbeiten wir diesmal mit neun Symbolen statt nur mit sechs. Die Aufgabe lautet, die leeren Felder so zu füllen, dass jede Reihe, jede Spalte und jedes Quadrat alle neun Symbole enthält.

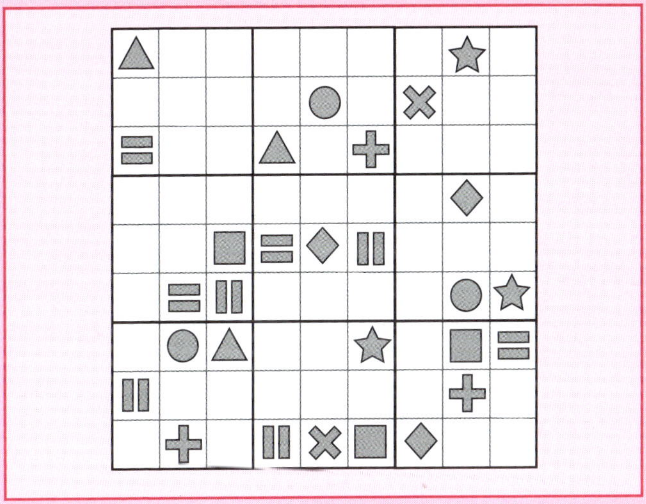

DENK-ANSTOSS

Wie bei allen Sudokus gilt: Füllen Sie erst einmal die »einfacheren« Lücken, dann geht der Rest fast wie von selbst.

3–4 MINUTEN

DECLANS DOMINO-RÄTSEL

Diesmal hat Declan sich eine Denkaufgabe für Damian (vgl. Rätsel 11) ausgedacht. Er zeichnet das rechts unten abgebildete Muster und fragt seinen Bruder: »Kannst du vier verschiedene Dominosteine so in das Quadrat hineinlegen, dass die beiden Längs- und Querseiten des Quadrats jeweils 7 ergeben? Ich habe schon zwei Dominosteine an den richtigen Platz gelegt, verrate aber nicht, wie viele Punkte auf den anderen Seiten der Steine stehen (Seiten ohne Punkte gibt es nicht).«

DENK-ANSTOSS

Dieses Rätsel erscheint auf den ersten Blick vielleicht einfacher, als es ist, weil es nur vier Dominosteine umfasst. Verlieren Sie nicht die Geduld, wenn Sie die Lösung nicht gleich finden!

DIE UHREN IN HÖRSAAL H

Professor Alexis liebt Hörsaal H, weil an der Wand hinter seinem Pult fünf Uhren hängen. Für seine heutige Mathematik-Vorlesung stellt er die ersten vier Uhren auf die unten abgebildeten Zeiten und fragt die Studenten: »Welche Zeit müsste die fünfte Uhr anzeigen, um die Reihenfolge richtig fortzusetzen?« Nur eine Studentin kennt die richtige Antwort. Wie lautet sie?

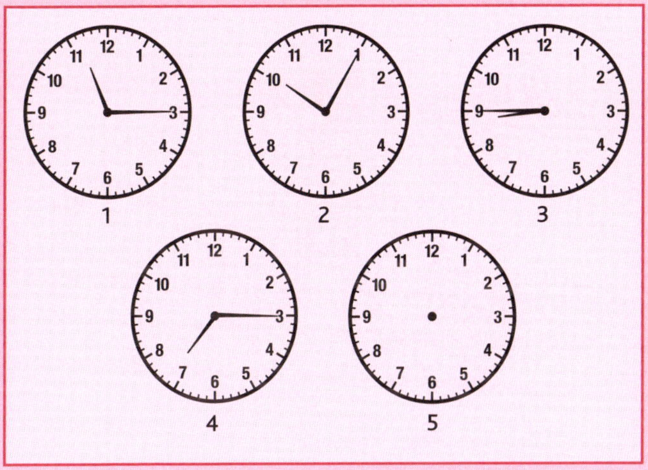

DENK-ANSTOSS

In den Vorlesungen von Professor Alexis scheint die Zeit rückwärts zu gehen.

–4 MINUTEN

JOSHS BUCHSTABENWÜRFEL

Josh bastelt für seinen Sohn eine Reihe von Buchstabenwürfeln, von denen einige sich durch kleine Details von den anderen Würfeln unterscheiden. Er legt jeweils drei Würfel zu fünf Türmen zusammen, wie unten abgebildet. In jedem dieser Türme unterscheidet sich ein Würfel durch ein bestimmtes Merkmal von den entsprechenden Würfeln in den anderen Türmen. Können Sie seinem Sohn helfen, den »Ausreißer« in jedem der fünf Türme zu finden?

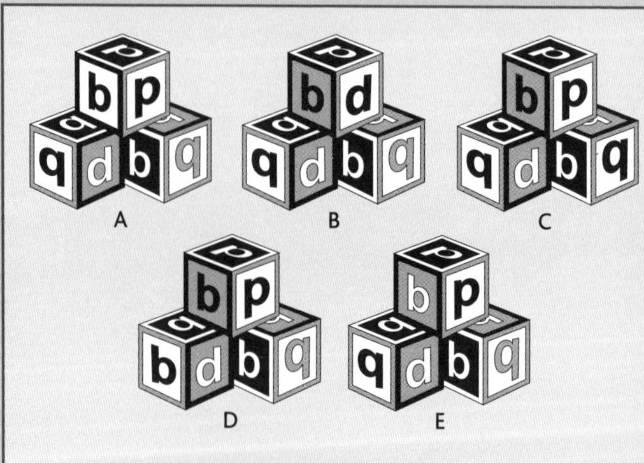

DENK-ANSTOSS

Wie gut ist Ihre Beobachtungsgabe? Schauen Sie sich die Farben der Buchstaben und Hintergründe und auch die Buchstaben selbst genau an!

ISABELLES PUPPEN

Isabelle hat neun Stoffpuppen, die sich alle ein bisschen voneinander unterscheiden. Zum Geburtstag bekommt sie eine neue Puppe, die einer der anderen neun Puppen aufs Haar gleicht. Sie bewahrt diese Puppe immer getrennt von den anderen auf, damit es keine Verwechslungen gibt; doch eines Tages wirft ihre Mutter alle zehn Puppen in eine Spielzeugkiste. Können Sie Isabelle helfen, die beiden gleich aussehenden Puppen aus der Kiste herauszufischen?

DENK-ANSTOSS

Lassen Sie sich nicht durch die vielen Puppen entmutigen – konzentrieren Sie sich immer nur auf ein einziges Merkmal, zum Beispiel die Haarfarbe. Sobald Sie erst einmal ein paar Puppen aussortiert haben, wird das Rätsel leichter.

SCHIFFE VERSENKEN II

Hier kommt eine weitere Variante von *Schiffe versenken* (vgl. Rätsel 15). Wieder zeigen die Zahlen am rechten Rand und unter dem Spielfeld an, wie viele einzelne oder nebeneinanderliegende Felder in den Reihen und Spalten von Schiffen oder Bojen besetzt sind. Können Sie das Feld so ausfüllen, dass es drei Kreuzer, drei Barkassen und drei Bojen enthält?

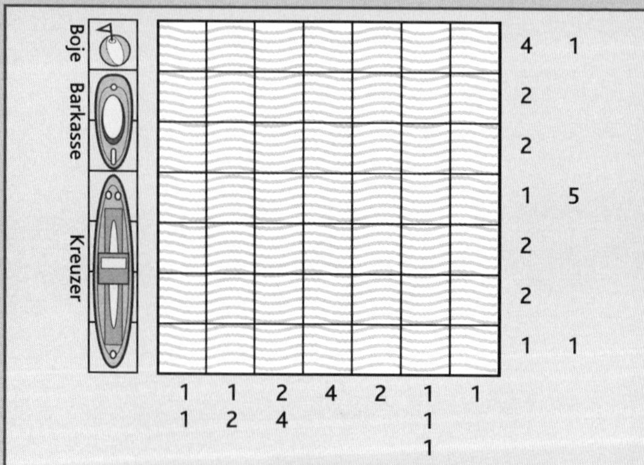

DENK-ANSTOSS

Denken Sie bei diesem Rätsel nicht nur waagerecht, sondern auch senkrecht!

EDWIN UND MRS. SIMPSON

Der exzentrische Graf Edwin ist verstorben und hat seiner trächtigen Hündin Mrs. Simpson 21 Würstchen hinterlassen. Wenn Mrs. Simpsons Nachwuchs ein Rüde ist, soll die Mutter 7 und der Welpe die restlichen 14 Würstchen bekommen, heißt es in seinem Testament. Ist der Nachwuchs weiblich, so stehen Mrs. Simpson 14 und der kleinen Hündin 7 Würstchen zu. Doch Mrs. Simpson hat zwei Welpen geworfen: einen Rüden und eine Hündin. Wie sollen Graf Edwins Anwälte die Würstchen aufteilen, um seinem letzten Willen gerecht zu werden?

DENK-ANSTOSS

Offensichtlich war ein männlicher Welpe in den Augen des Grafen wertvoller als ein weiblicher. Aber um wie viel wertvoller?

SCHWERE Rätsel für KREATIVES DENKEN

Um die Rätsel im dritten Teil zu lösen, müssen Sie Ihre grauen Zellen noch ein bisschen mehr anstrengen. Hier sind die anspruchsvollsten Aufgaben für Ihr kreatives Denken enthalten. Aber mit »harter Arbeit« hat das Ganze trotzdem nichts zu tun! Vergessen Sie nicht: Um kreativ denken zu können, muss man locker und entspannt bleiben. Also schließen Sie erst einmal für ein paar Minuten die Augen und holen Sie tief Luft. Konzentrieren Sie sich – aber denken Sie nicht zu angestrengt nach. Lassen Sie Ihrer Intuition freien Lauf und hinterfragen Sie die erste Lösung oder Antwort, die Ihnen spontan einfällt, genau. Selbst wenn diese intuitive Eingebung noch nicht die richtige Lösung ist, kann sie doch wertvolle Denkansätze enthalten.

STAR BAR

Designer Peter hat für einen neuen Kunden, das Nobelbistro *Star Bar,* eine Reihe von Sternsymbolen als Wanddekoration entworfen. Er lässt dem Geschäftsführer des Bistros die Entwürfe da und legt noch ein paar Alternativvorschläge dazu. Doch Patrick bringt die Entwürfe durcheinander. Welches der Sternsymbole im Kasten rechts (A–D) passt in das leere Feld rechts unten?

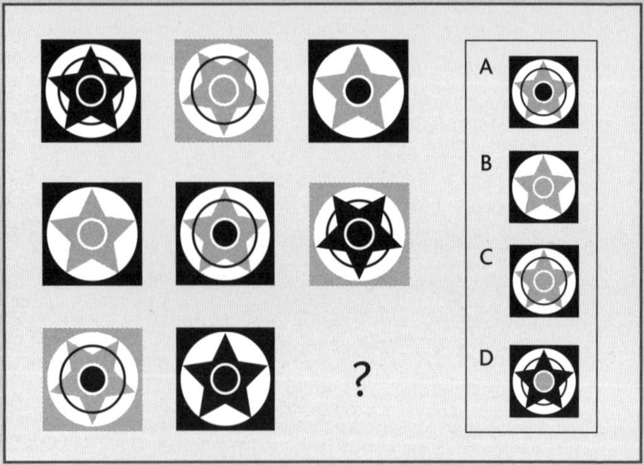

DENK-ANSTOSS

Peter versucht ein außergewöhnliches Ambiente zu schaffen, indem er einige seiner Motive negativ darstellt.

TOM GEWINNT EINEN SCHULPREIS

Durch seinen Wochenendbesuch im Landhaus (vgl. Rätsel 7 und 21) inspiriert, zeichnet Tom als Mathematikhausaufgabe den folgenden Irrgarten mit der Anweisung: »Gehe von oben nach unten durch den Irrgarten, ohne einen der Wege zweimal zu benutzen. Die Summe der Zahlen auf den Feldern, die du dabei betrittst, muss genau 20 ergeben.«

DENK-ANSTOSS

Wenden Sie neben Mathematik auch visuelle Logik an, um dieses Rätsel zu lösen. Da es mehrere verschiedene Denkstrategien erfordert, ist es ein gutes Training fürs Gehirn – Wissenschaftlern zufolge eine ausgezeichnete Methode, um kreatives Denken zu fördern!

MEHNDI-IRRGARTEN

Bei folgendem Irrgarten für den Kunstunterricht hat Jasmine sich von der Mehndi-Kunst, dekorative Henna-Tätowierungen auf Handflächen und Füßen, inspirieren lassen. »Man muss so schnell wie möglich vom Eingang zum Ausgang finden, wie bei einem ganz normalen Irrgarten«, erklärt sie ihrer Kunstlehrerin. Der Eingang ist oben rechts (siehe Pfeil).

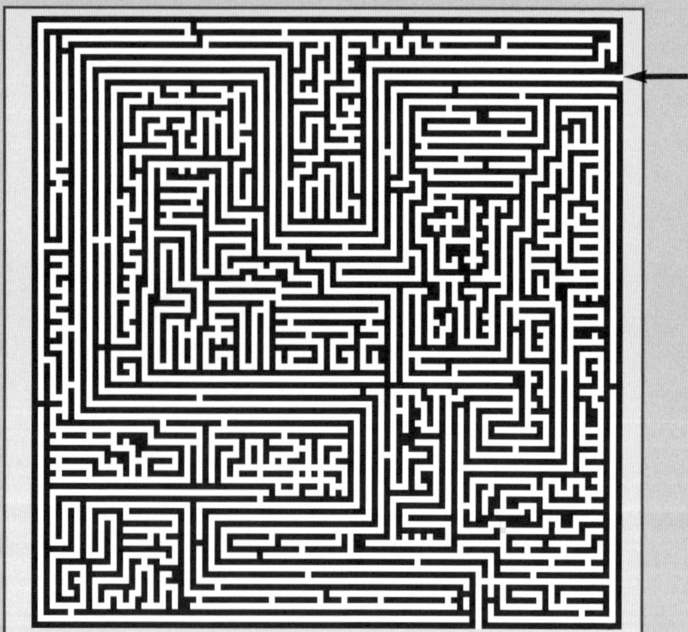

DENK-ANSTOSS

Haben Sie den Ausgang gefunden? Er liegt unten auf der rechten Seite. Für diese Aufgabe bekommen Sie etwas mehr Zeit, weil man dabei ziemlich viel experimentieren muss. Sie dürfen auch einen Stift verwenden.

SPIEGELBILD II

Ebenso wie Rätsel 20 ist dieses Bild, wenn man es richtig vervollständigt, symmetrisch und hat eine in der Mitte von oben nach unten verlaufende Symmetrieachse. Zeichnen Sie zunächst diese Achse ein und füllen Sie dann die Felder aus, die jeweils genau denen auf der anderen Seite der Symmetrieachse entsprechen. So entsteht ein Bild.

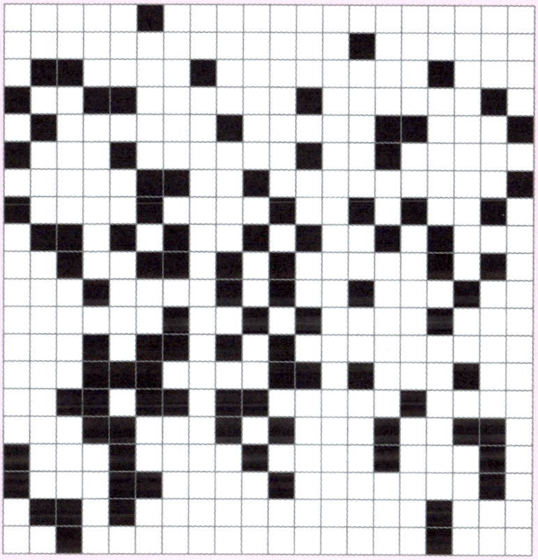

DENK-ANSTOSS

Sobald Sie die Symmetrieachse richtig gezogen haben, geht der Rest fast wie von selbst!

STERNENHIMMEL

Peter (vgl. Rätsel 35) hat inzwischen noch weitere Sternmotive entworfen, dieses Mal für die örtliche Kirche. Er hat die Entwürfe im Großformat ausgedruckt und das Publikum bei seiner Präsentation gefragt, welcher der fünf Sterne sich von allen anderen unterscheidet.

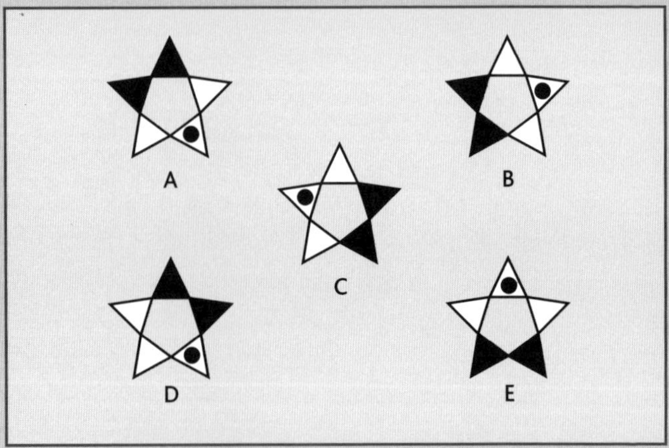

DENK-ANSTOSS

Betrachten Sie dieses Rätsel aus allen Blickwinkeln!

MISS SHAWS AUSSCHNEIDEFORMEN IV

Dies ist unser letzter Besuch in Miss Shaws Klassenzimmer (vgl. Rätsel 6, 16 und 23). Sie hat inzwischen noch weitere Ausschneideformen zum Aussortieren gefunden. Wieder möchte sie die einzige Form finden, die doppelt vorkommt.

DENK-ANSTOSS

Achten Sie auf die Formen, die auf dem Kopf stehen oder verdreht sind. Betrachten Sie das Bild ganz genau. Manchmal hilft es, zwischendurch kurz wegzuschauen und den Augen eine Pause zu gönnen – und sich erst dann wieder in das Bild zu vertiefen.

SCHNEEMÄNNER

Fünf Freunde veranstalten auf dem Schulhof einen Wettbewerb im Schneemannbauen. Der Hausmeister leiht den Kindern Hüte und Besen. Jeder der fünf Schneemänner unterscheidet sich in einem kleinen Merkmal von den anderen. Finden Sie die Unterschiede?

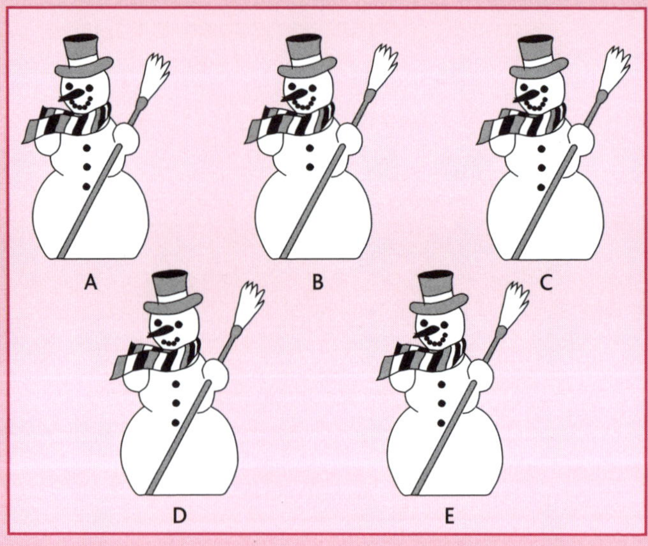

CLEVERE DIEBE

In Sir Peters Haus wird eingebrochen. Die Diebe müssen Experten sein, denn sie stehlen nur ein einziges, dafür sehr wertvolles Gemälde von Picasso. Zwei Tage später erhält Sir Peter einen Brief: Er soll einen Diamanten im Wert von einer Million Dollar kaufen und diesen um Mitternacht in eine Telefonzelle in einem nahe gelegenen Park bringen – sonst werde er sein Gemälde nie wiedersehen. Sir Peter benachrichtigt die Polizei, die den Park von getarnten Polizisten umstellen lässt. Diese sollen die Diebe verhaften, sobald sie versuchen, den Park mit ihrer Beute zu verlassen. Dann bringt Sir Peter den Diamanten in den Park, sucht die Telefonzelle und öffnet die Tür. Sofort wird ihm klar, dass die Polizei die Diebe nicht schnappen wird.

Woher weiß Sir Peter das? Was findet er in der Telefonzelle?

DENK-ANSTOSS

Die Diebe haben die Frage, wie sie den Diamanten sicher aus dem Park herausbekommen sollen, mithilfe ihres kreativen Denkvermögens gelöst.

PROFESSOR GREENACRES SCHOKO-PLÄTZCHEN

Professor Greenacre, der Geometrie und Kochkunst gern miteinander verbindet (vgl. Rätsel 17), hat für die Weihnachtsfeier seiner Fakultät die unten abgebildeten Muster aus weißen und braunen Schokoladenplätzchen ausgelegt. Das letzte Muster hat er versteckt und vier mögliche Alternativen dazu gezeichnet. Nun fragt er seine Kollegen, welches der gezeichneten Muster (A–D) in das leere Feld passt, um die Reihenfolge zu vervollständigen.

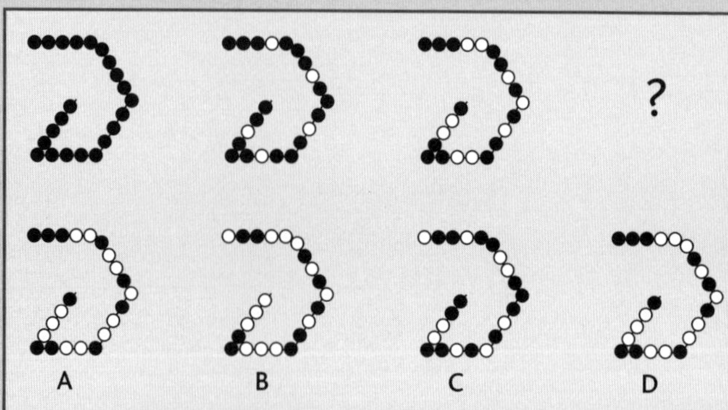

DENK-ANSTOSS

Vielleicht hilft Ihnen folgende Information weiter: Professor Greenacre hat nicht nur einen scharfen Blick für geometrische Formen, sondern auch für Muster.

5–6 MINUTEN

BUCHSTABENWÜRFEL II

Bei dieser Aufgabe kommt es wieder auf Ihr visuelles, dreidimensionales Denkvermögen an. Wie in Rätsel 4 und 25 sollen Sie den Grundriss so falten, dass ein Würfel entsteht. Welcher der rechts daneben abgebildeten Würfel (A–E) ist es?

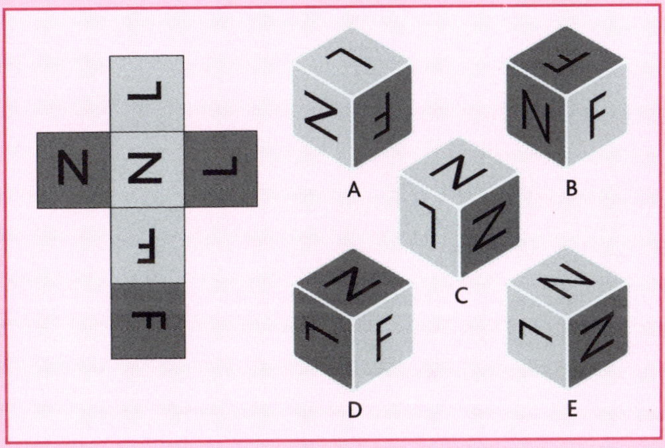

DENK-ANSTOSS

Versuchen Sie zunächst, das Rätsel visuell zu lösen. Sollten Sie absolut nicht auf die Lösung kommen, können Sie den Würfel auch nachbasteln!

DAS VERSTECKTE BILD II

Hier können Sie Ihr Visualisierungsvermögen trainieren. Für dieses Rätsel erhalten Sie etwas mehr Zeit. Die Zahlen an den Seiten des folgenden Plans stehen für die Anzahl farbig ausgefüllter nebeneinanderliegender Felder; jeder Block ausgemalter Felder muss mindestens durch ein weißes Feld vom nächsten Block getrennt sein. So könnte die Angabe »3, 2« beispielsweise folgende Reihenfolge bedeuten: kein oder ein oder mehrere weiße Felder, dann drei farbige Felder, dann mindestens ein weißes Feld, dann wieder zwei farbige Felder und zum Schluss beliebig viele weiße Felder.

				2	1	2			1			
				2	1	2			1	3	9	
	5	7	11	4	2	4	11	7	5	3	1	3
3												
2 2 3												
1 1 2												
1 1 3												
1 1 1												
7 1												
4 4 1												
3 3 1												
4 4 1												
4 7												
10 1												
7 3												

ZEIT-BONUS

RÄTSEL 46 INTENSIVTRAINING

SYMBOL-SUDOKU III

Das ist Ihre dritte Chance, sich an den spannenden Symbol-Sudokus zu versuchen. Wie in Rätsel 8 und 28 sollen Sie auch hier wieder (wie bei einem normalen Zahlen-Sudoku) die leeren Kästchen so füllen, dass alle neun Symbole in jeder Reihe, jeder Spalte und jedem Quadrat jeweils nur einmal vorkommen.

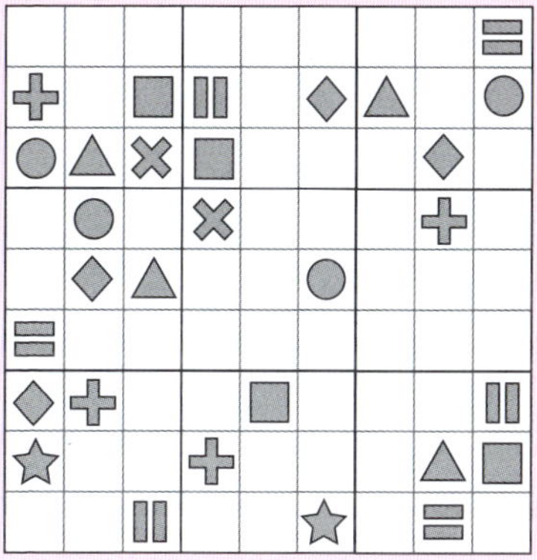

DENK-ANSTOSS

Es kostet nicht viel Zeit, das Rätsel auf ein Blatt Papier zu übertragen; auf diese Weise bleibt das Original leer, sodass Sie zu einem späteren Zeitpunkt noch einmal damit üben können. Es lohnt sich, die Rätsel in diesem Buch mehr als einmal zu lösen. Natürlich können Sie auch selbst Sudokus für Ihre Freunde erfinden – das ist ein gutes Kreativitätstraining!

5–6 MINUTEN

SCHIFFE VERSENKEN III

Wie Rätsel 15 und 33 beruht auch dieses Rätsel auf dem Spiel *Schiffe versenken* und ist eine gute Übung für Ihr visuelles Denken. Die Zahlen auf der rechten Seite und am unteren Rand des karierten Spielfelds zeigen an, wie viele einzelne oder nebeneinanderliegende Felder in den Reihen und Spalten von Schiffen oder Bojen besetzt sind. Können Sie das Feld so ausfüllen, dass es vier Kreuzer, vier Barkassen und vier Bojen enthält?

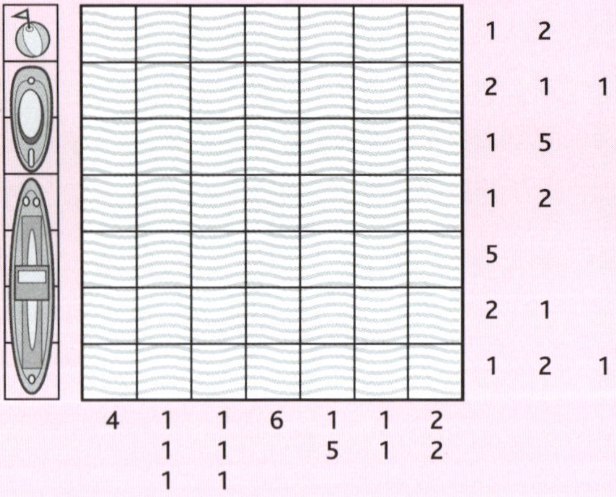

DENK-ANSTOSS

Denken Sie bei diesem Rätsel nicht nur waagerecht, sondern auch senkrecht!

PROFESSOR GREENACRES NAPFKUCHEN

Professor Greenacre hat sich wieder eines seiner Küchengeometrie-Rätsel ausgedacht (vgl. Rätsel 17 und 43). Dieses Mal hat er mit seinen runden, sternförmigen und quadratischen Ausstechformen 24 Napfkuchen gebacken: 12 dunkle (mit Schokoladenguss) und 12 weiße (mit Vanilleglasur). Er hat sie auf einem elliptischen Tablett angeordnet und fragt seinen Gast, ob er dieses Tablett mit zwei geraden Linien in drei Felder unterteilen kann. Jedes Feld soll einen quadratischen weißen Kuchen, zwei sternförmige braune Kuchen, zwei runde braune Kuchen und drei runde weiße Kuchen enthalten. Wie geht das?

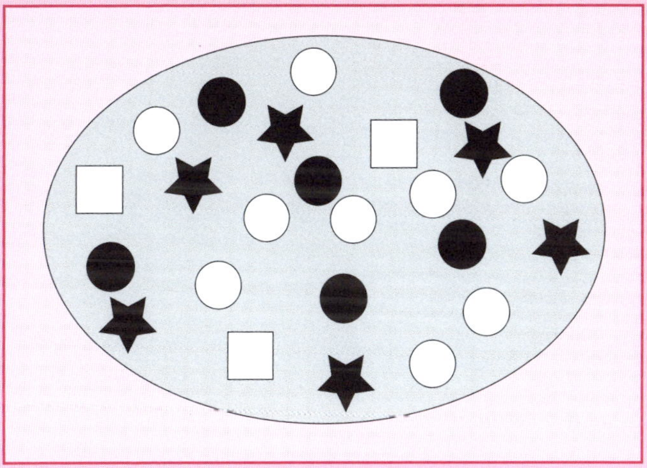

DENKANSTOSS

Verwenden Sie zum Unterteilen der Ellipse einen Bleistift und ein Lineal. So können Sie gut mit unterschiedlichen Feldern experimentieren.

DIE UHREN IM BOOTSHAUS

Zwei Studenten von Professor Alexis haben sich im Bootshaus der Universität ein Rätsel für ihn ausgedacht: Sie haben von der fünften Uhr im Bootshaus, die kaputt ist, die Zeiger abmontiert. »Wenn Sie die Uhren in der Reihenfolge von links nach rechts betrachten, welche Zeit müsste die letzte Uhr unten rechts dann zeigen?«, fragen sie ihn.

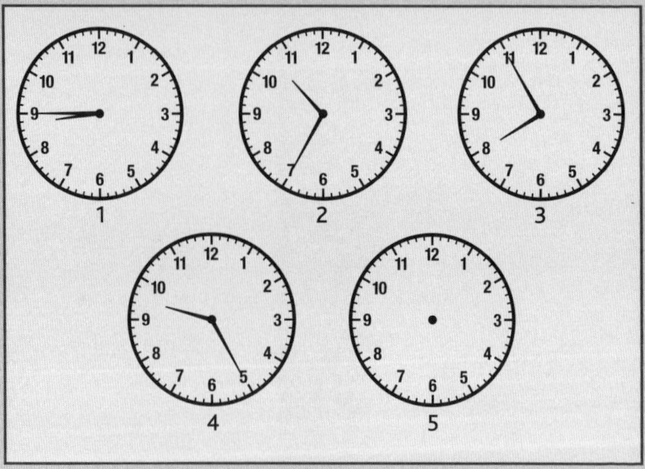

DENK-ANSTOSS

Kann es sein, dass die Zeit nicht nur vorwärts-, sondern auch rückwärtsgeht?

5–6 MINUTEN

FLIESEN FÜR DIE BÜCHEREI

Marco ist Innenarchitekt und stellt Fliesen her. Die unten abgebildeten Buchstabenfliesen hat er als Dekoration für die Bücherei im Haus seiner Klientin Justina entworfen. Marcos Assistent hat die Buchstaben in eine ausgeklügelte Reihenfolge gebracht. Als Rätsel für seinen Chef hat er die folgenden vier Varianten (A–D) arrangiert und fragt ihn, welche zu den drei Fliesen passt.

F	L	P
E	Y	K
M	D	H

H	N	R
D	X	J
L	C	G

J	P	T
C	W	I
K	B	F

?

L	R	W
B	V	H
J	A	E

A

L	R	V
B	V	H
J	A	E

B

L	R	V
A	V	H
J	A	E

C

L	R	V
B	U	H
J	A	E

D

DENK-ANSTOSS

Unterscheiden sich die Reihenfolgen der Buchstaben von Reihe zu Reihe?

DIE
HERAUS-FORDERUNG

In der letzten Aufgabe können Sie die kreativen Denkfähigkeiten, die Sie inzwischen entwickelt haben, auf das praktische Alltagsleben übertragen. Sie werden mehrere Probleme zu lösen haben, bei denen es auf Kreativität ankommt. Stellen Sie sich die beschriebene Situation wie eine Art Spiel vor und fragen Sie sich: Wie lauten die Spielregeln? Kann ich sie ändern? Außerdem sollten Sie bei dieser Übung ab und zu innehalten und sich fragen: Wie denke ich? Bin ich auch wirklich kreativ? Oder könnte ich noch spielerischer und intuitiver an die Situation herangehen?

EIN ARBEITSGEBURTSTAG

Die folgende kleine Geschichte stellt Ihr kreatives Denken auf eine harte Probe. Jetzt können Sie die Kreativitätsstrategien anwenden, die Sie in diesem Buch gelernt haben! Denn Sie müssen schon Ihren ganzen Erfindungsreichtum zusammennehmen, um kreative Lösungen für die Probleme zu finden, mit denen Sie nun konfrontiert werden. Am Ende kommen Sie vielleicht sogar dahinter, wer Ihnen hier einen kleinen Streich gespielt hat und warum!

Geben Sie sich beim Lesen der Geschichte nicht mit dem äußeren Schein zufrieden, sondern versuchen Sie darüber hinauszudenken! Lesen Sie den Text drei- oder viermal und notieren Sie sich dabei in den leeren Randspalten Stichwörter und Ideen dazu. Denken Sie auch über Lösungsmöglichkeiten nach, die Ihnen auf den ersten Blick abwegig erscheinen. Manchmal kann es sehr hilfreich sein, »querzudenken« – also versuchen Sie einmal ganz bewusst, sich etwas vorzustellen, was Sie eigentlich für unmöglich halten!
Stellen Sie sich viele Fragen und seien Sie flexibel. Ändern Sie Ihre Strategie, wenn Sie feststellen, dass Ihr erster Denkansatz nicht funktioniert. Das wird Ihnen in Zukunft auch beim Studium, bei der Arbeit und in vielen anderen Lebenssituationen helfen, kreative Lösungen zu finden.

Dieser Geburtstag ist wirklich ein Albtraum.

Sie müssen die Verabredung zum Mittagessen absagen, weil Ihr Chef Sie in letzter Minute noch mit einem Termin beauftragt hat: Sie sollen einen potenziellen neuen Kunden *(SHOOM! Grundstückserschließungen)* besuchen. Auf dem Weg zum Bahnhof hält eine Limousine mit der Aufschrift »SHOOM!« neben Ihnen. Die Fahrerin fordert Sie auf, einzusteigen; sie habe den Auftrag, Sie zu der Präsentation zu fahren.
Sie sind so verblüfft, dass Sie ihr Ihren Aktenkoffer überreichen, obwohl alle Ihre Papiere und Ihr Geld darin sind. »Die Frau kommt mir irgendwie bekannt vor ...«, denken Sie, während sie den Aktenkoffer in den Kofferraum stellt. Sie hält Ihnen die Tür auf, damit Sie auf dem Rücksitz Platz nehmen können, schließt und verriegelt die Tür hinter Ihnen, setzt sich ans Steuer und fährt los.
Während der Fahrt beachtet sie Ihre Fragen gar nicht. Nach einer kurzen Fahrt sind Sie in dem Stadtteil angelangt, in dem die

HINWEISE UND NOTIZEN

HINWEISE UND NOTIZEN

Firma *SHOOM!* liegt; doch Ihre Chauffeurin fährt weiter – in einen Bezirk, den Sie nicht kennen. »Haben wir uns etwa verfahren?«, fragen Sie. Doch sie antwortet nicht, sondern legt eine CD mit dem Klassiker *Moon River* ein.

Sie fahren durch ein heruntergekommenes Stadtviertel, wo einige Jungs skateboarden. Einige starren Sie an; einer macht rhythmische Tanzbewegungen. Schließlich biegt die Limousine in ein verlassenes mehrstöckiges Parkhaus ein, fährt aufs unterste Parkdeck und bleibt neben einem Fahrstuhl stehen.

»Also bis gleich! Wir treffen uns dann oben!«, sagt die Frau, schaltet den Motor aus, nimmt Ihren Aktenkoffer aus dem Kofferraum und verschwindet in dem düsteren Parkhaus.

Als Sie aussteigen und ihr nachgehen wollen, stellen Sie fest, dass Ihre Tür noch verriegelt ist. Das Parkhaus ist wie ausgestorben. Auf dem Beifahrersitz liegt ein an Sie adressierter Umschlag. Darin steckt ein Briefbogen mit dem Briefkopf »SHOOM! Grundstückserschließungen«, auf dem steht: »Wir

freuen uns, Sie wie verabredet um 11 Uhr bei uns begrüßen zu dürfen. Bitte präsentieren Sie uns kreative Ideen zur Umgestaltung eines großen mehrstöckigen Parkhauses in einem heruntergekommenen Innenstadtbezirk.« An den Brief ist ein Zettel mit der Aufschrift *Moon River* angeheftet, der wie ein Garderobenticket aussieht.
Sie schauen auf die Uhr. Sie haben nur noch eine halbe Stunde Zeit bis zur Besprechung. In die Mauer neben dem Fahrstuhl ist etwas eingelassen, das wie ein Tastenfeld aussieht – wie zur Eingabe eines Codes. Darüber befindet sich ein LCD-Bildschirm, über den in grünen Buchstaben die Frage: »*Wie sind Sie hergekommen? Warum sind Sie hier?*«, flackert.
Wie kommen Sie aus dem Auto heraus? Wie finden Sie das Büro des Kunden? Und welche Vorschläge könnten Sie ihm für die Umgestaltung des Parkhauses unterbreiten? Was tun Sie in so einer Situation – oder besser gesagt: Wie denken Sie?

10–15 MINUTEN

HINWEISE UND NOTIZEN

DIE LÖSUNGEN

Versuchen Sie die Lösungen der Rätsel als Inspirationsquelle zu nutzen. Es kann immer einmal vorkommen, dass man bei einem Rätsel nicht weiterweiß. Dann dürfen Sie die Lösung natürlich nachschlagen. Danach sollten Sie bitte in Gedanken die kreativen Denkschritte durchgehen, die zur Lösung geführt haben, damit Sie diese Strategie bei künftigen Rätseln und in Ihrem täglichen Leben anwenden können. Wie bei allen Rätseln kann es manchmal auch passieren, dass Sie auf eine andere Lösung kommen als die hier vorgeschlagene. Wenn das so ist, können Sie stolz auf sich sein – denn das ist Kreativität in Aktion!

RÄTSEL 1 BAGUETTE-BONANZA Am Anfang hatte Christoph sieben Baguettes. Er verkaufte Brigitte vier, Pfarrer Albert zwei und Vincent eines.

RÄTSEL 2 OBERST OLIVER

Die richtige Antwort lautet A. Jede Reihe und jede Spalte enthält ein Porträt des Obersts mit einem weißen Monokel, ein Porträt mit einem schwarzen Monokel und eines ohne Monokel. Außerdem enthält jede Reihe und jede Spalte zwei Porträts mit Haaren (hier trägt der Oberst seine Perücke) und ein kahlköpfiges Porträt (so sieht er wirklich aus). Jede Reihe und jede Spalte enthält ferner zwei Porträts mit Kinnbart und eines ohne. Daher sollte das fehlende Porträt den Oberst mit schwarzem Monokel, Perücke und Kinnbart zeigen.

RÄTSEL 3 ALLER GUTEN DINGE SIND 3...

Der rechts abgebildete Weg ist der richtige. Kopfrechnen üben lohnt sich, denn bei der Suche nach kreativen Lösungen im Geschäftsleben muss man oft mit Zahlen jonglieren!

44	87	14	76	52	27	70	85	43
64	48	44	12	9	42	75	35	45
14	51	46	79	49	16	54	56	75
8	15	72	63	27	74	42	38	78
16	21	55	50	57	67	43	44	93
18	24	22	51	99	81	75	91	18
21	79	77	31	16	17	24	94	27
90	89	96	84	93	69	42	73	48
26	91	54	53	65	88	58	19	12

RÄTSEL 4 BUCHSTABENWÜRFEL Die richtige Antwort lautet D. Auf diesem Würfel grenzt an das B ein H und ein E an. Dieses Rätsel testet Ihre Fähigkeit, visuell und dreidimensional zu denken. Genau wie Kopfrechnen wird auch diese Fähigkeit beim kreativen Denken oft benötigt.

D

RÄTSEL 5 EINE GANZ BESONDERE VASE
Vase A sieht anders aus. Die anderen Vasen haben alle noch einen zusätzlichen Stern auf der linken Seite (siehe schwarzer Kreis). Rätsel, bei denen man Unterschiede erkennen muss, trainieren Ihre Beobachtungsgabe und Ihren Blick fürs Detail. Auch das braucht man, um kreativ denken zu können.

RÄTSEL 6 MISS SHAWS AUSSCHNEIDEFORMEN I
Die rechts abgebildete dreizackige Form ist die einzige, die in der Schublade zweimal vorkommt. Wenn Sie sie innerhalb der vorgegebenen Zeit entdeckt haben, war das eine gute Leistung. Konzentrationsgabe und visuelles Denkvermögen sind bei kreativen Aufgaben häufig gefragt – nicht nur in Rätseln, sondern auch im wirklichen Leben, wenn Sie zum Beispiel visuelle Informationen für ein Projekt in Gedanken rasch überblicken und ordnen müssen.

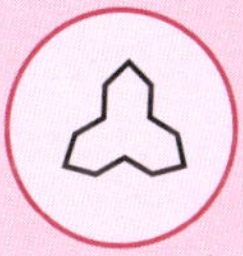

RÄTSEL 7 IMMER DER NASE NACH

Der schnellste Weg durch den Irrgarten ist grau eingezeichnet. Tom findet den Weg zum Café und hat zur Belohnung die Wahl zwischen drei köstlichen Pizzen.

RÄTSEL 8 SYMBOL-SUDOKU I

Hier ist das gelöste Sudoku abgebildet. Beim kreativen Denken muss man oft flexibel an ein Problem herangehen und nach ungewöhnlichen Kombinationen suchen. Dieses »etwas andere« Sudoku ist ein gutes Training für diese Fähigkeiten.

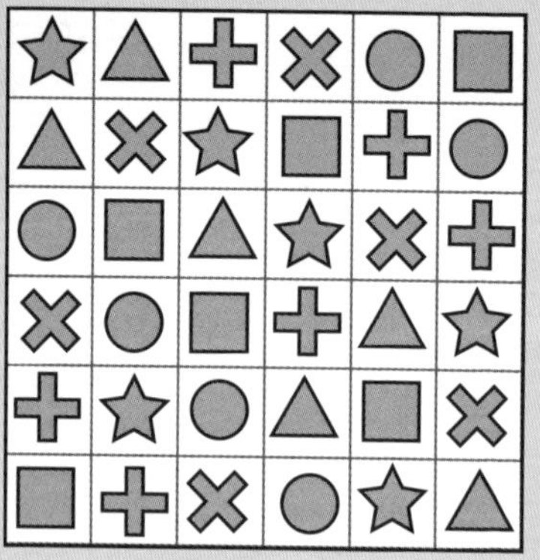

RÄTSEL 9 IMMER ÄRGER MIT DER UHR Dexters Uhr zeigt 16.36 Uhr. Der Zeitunterschied zwischen 11 Uhr und 16.15 Uhr beträgt fünfeinviertel Stunden. Dexters Uhr geht vier Minuten pro Stunde vor; das macht in fünfeinviertel Stunden 21 Minuten, also ist es genau 16.36 Uhr.

RÄTSEL 10 NUR KEINE HEKTIK, MAGGIE! In zwei Stunden bügelt Maggie zwölfmal jeweils zehn Minuten lang und macht zwischendurch elfmal für fünf Minuten Pause. Das ergibt insgesamt zwei Stunden und 55 Minuten. Wenn man diese Zeit zu 11.15 Uhr hinzuaddiert, ist Maggie um 14.10 Uhr mit dem Bügeln fertig.

RÄTSEL 11 DAMIANS DOMINO-MAUER

Die Mauer muss so aussehen wie unten abgebildet. In Rätseln wie diesem muss man relativ einfache Rechenaufgaben rasch bewältigen – das stimuliert das Gehirn und verbessert das Denkvermögen.

RÄTSEL 12 LEITERSPIEL Serena gewinnt das Spiel. Sie würfelt imaginär insgesamt 22-mal und kommt dabei auf folgende Felder: 6, 10, 12, 17, 20, 21/39, 45, 49, 51, 56, 59, 60, 66, 70, 72, 77, 80/62, 63, 69/89, 93, 95, 100. John macht folgende Züge: 6, 8, 12, 18, 19, 22, 27, 29, 33, 39, 40, 43, 48, 50, 54/48, 49, 52, 57, 59, 63, 69/89 und 90. Als er auf Feld 90 angekommen ist, gewinnt Serena.

RÄTSEL 13 KEIN RAD IST WIE DAS ANDERE Auf Bild A trägt Alex' Motorrad die Nummer 61; in allen anderen Zeichnungen lautet die Nummer 62. Auf Bild B ist Alex' Stiefel grau statt weiß. Auf Bild C hat seine Jacke nur einen Streifen statt zwei. Auf Bild D fehlt der vordere Kotflügel. Auf Bild E ist der Auspuff nicht lackiert.

RÄTSEL 14 MIT VOLLDAMPF VORAUS Die Bilder C und G sehen identisch aus. Behalten Sie bei solchen Rätseln die Zeit im Auge! Die Fähigkeit, Ähnlichkeiten oder Unterschiede rasch zu erkennen, wird Ihnen bei vielen Denkaufgaben weiterhelfen.

RÄTSEL 15 SCHIFFE VERSENKEN I

Rechts sind die Schiffe und Bojen ins Spielfeld eingezeichnet. In der Spalte ganz links außen ist ein einzelnes Kästchen besetzt, dann folgen drei nebeneinander liegende besetzte Kästchen, so wie in den Zahlen unten angegeben.

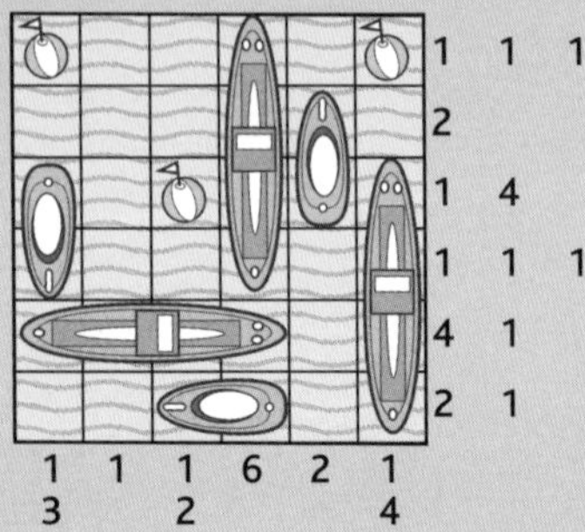

RÄTSEL 16 MISS SHAWS AUSSCHNEIDEFORMEN II

Miss Shaw unterteilt die Formen so wie rechts abgebildet. Dank ihrer mathematischen Begabung ist ihr das vielleicht schneller gelungen als Ihnen. Das Zeitlimit war aber auch ganz schön knapp! Die Fähigkeit, Muster zu erkennen und Objekte zu gruppieren, ist wichtig für Ihre visuelle Intelligenz.

RÄTSEL 17 PROFESSOR GREENACRES KEKSE

Die richtige Antwort lautet A. Dr. Gupta erklärt auch, warum: »Von Tablett zu Tablett macht jede der weißen Formen eine Vierteldrehung gegen den Uhrzeigersinn!«

RÄTSEL 18 CAMPING UNTER KONIFEREN

Rechts ist der fertige Grundriss des Campingplatzes abgebildet. Auch dieses Rätsel ist eine gute Übung für Ihr visuelles Denken und für das sinnvolle Anordnen von Informationen. Dabei ist es manchmal besser, sich Zeit zu lassen und in aller Ruhe nachzudenken!

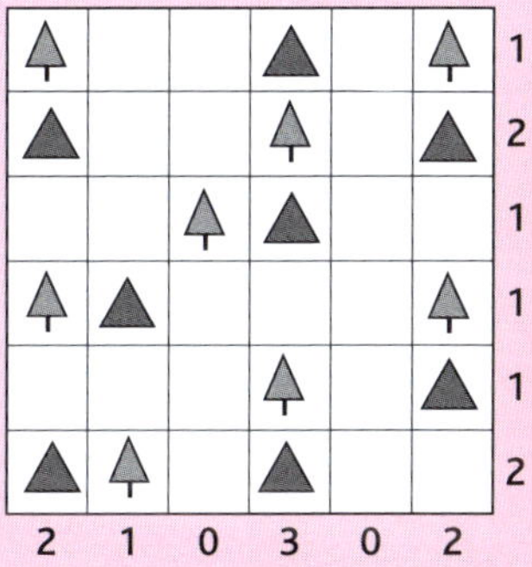

RÄTSEL 19 MR. SCHUMMS ZAHLENIRRGARTEN

Mr. Schumms Schülerin wählt den rechts abgebildeten Weg und kommt dabei auf folgende Summe:

4 + 6 – 5 + 3 – 6 + 2 = 4. Bei diesem Rätsel ist einfache Rechenfähigkeit in Kombination mit visueller Logik gefragt. Wenn Sie mehrere verschiedene mentale Prozesse gleichzeitig durchführen müssen, entstehen neue Neuronenverbindungen: Ihr Denkvermögen verbessert sich.

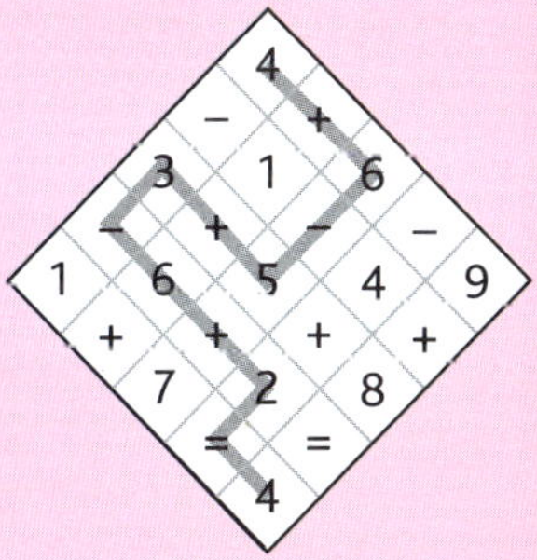

RÄTSEL 20 SPIEGELBILD I

Das fertige Bild (rechts) zeigt ein Gesicht. Visuelle Rätsel stimulieren viele verschiedene Gehirnbereiche: Zwar werden visuelle Reize zunächst im Hinterhauptlappen im Hinterkopf verarbeitet; doch wenn es darum geht, Formen zu beurteilen und zueinander in Beziehung zu setzen, sind auch andere, weiter vorn liegende Gehirnbereiche beteiligt.

RÄTSEL 21 TOM VERDIENT SICH EIN EIS

Tom wählt den rechts abgebildeten Weg. Dieses Rätsel war ein ziemlich kniffliger Test für Ihr kreatives Visualisierungssvermögen. Wenn Sie es innerhalb von 3–4 Minuten geschafft haben, war das schon eine beachtliche Leistung!

RÄTSEL 22 ANDREAS VASEN

Vase C sieht anders aus als die anderen. Die Fläche links unterhalb des Halses (siehe schwarzer Kreis) hat eine andere Farbe. Beim kreativen Denken muss man zunächst auf alle Details achten; erst dann sollte man seiner Intuition freien Lauf lassen oder »querdenken«.

RÄTSEL 23 MISS SHAWS AUSSCHNEIDEFORMEN III

Die rechts abgebildete Form ist die einzige, die zweimal vorkommt. Das war eine gute Übung für Ihre Beobachtungsgabe!

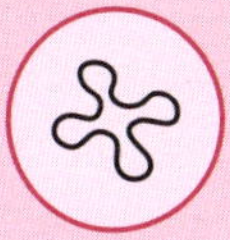

RÄTSEL 24 BENS FLIESEN

Die richtige Antwort lautet D. Jede Quer- und jede Längsreihe enthält eine Fliese mit einem grauen Quadrat, eine Fliese mit zwei grauen Quadraten und eine Fliese mit drei grauen Quadraten. Außerdem enthält jede Quer- und jede Längsreihe eine Fliese mit einem, eine Fliese mit zwei und eine Fliese mit drei fehlenden Quadraten. Jede Quer- und jede Längsreihe hat einen grauen, einen weißen und einen schwarzen Punkt in der Mitte jeweils einer Fliese. Also muss die fehlende Fliese drei graue Quadrate, ein fehlendes Quadrat und einen grauen Punkt in der Mitte enthalten.

RÄTSEL 25 ZAHLENWÜRFEL

Die richtige Antwort lautet A. Bei Zahlen fällt es oft schwerer, die richtigen Positionen herauszufinden, als bei Buchstaben (vgl. Rätsel 4). Dieses Rätsel ist eine gute Übung für Ihr kreatives Visualisierungsvermögen.

A

RÄTSEL 26 LASSER

Die Linien müssen wie rechts abgebildet gezogen werden, damit fünf »Lasser«-Bereiche entstehen, die jeweils einen Schmetterling, eine Ameise und einen Fisch beinhalten. Können Sie sich noch andere Kombinationen aus verschiedenen Elementen oder Substanzen vorstellen?

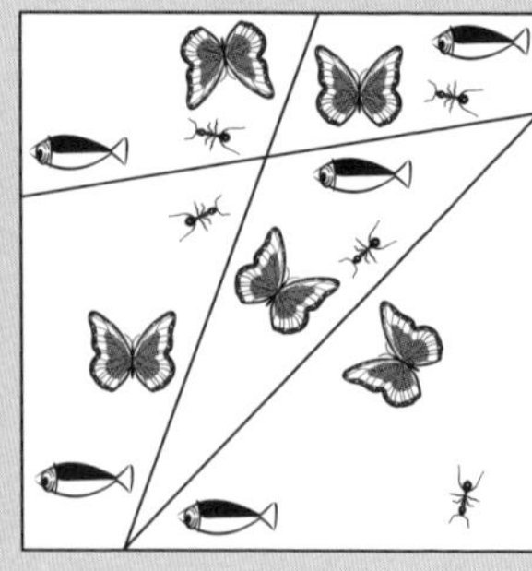

RÄTSEL 27 DAS VERSTECKTE BILD

Rechts sehen Sie den fertig ausgemalten Plan. Wie in den Zahlen neben dem Plan angegeben, enthalten die oberen beiden waagerechten Reihen jeweils nur zwei schwarze Quadrate (den Schornstein); die senkrechte Reihe ganz links und ganz rechts beinhaltet jeweils nur ein schwarzes Quadrat (die Regenrinne).

RÄTSEL 28 SYMBOL-SUDOKU II

Rechts ist das gelöste Sudoku abgebildet. Bei vielen kreativen Denkaufgaben muss man Informationen strukturieren und Muster erkennen, neu schaffen oder rekonstruieren; unser Rätsel ist ein gutes Training für diese Fähigkeiten.

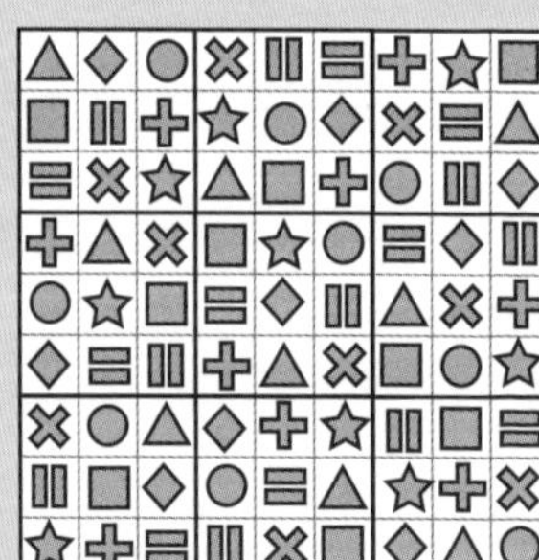

RÄTSEL 29 DECLANS DOMINO-RÄTSEL Rechts ist die Lösung zu Declans Aufgabe abgebildet. Die Punkte auf den Dominosteinen ergeben an allen vier Seiten des Quadrats jeweils die Summe 7.

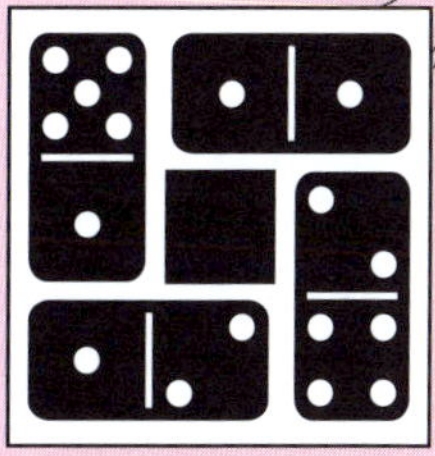

RÄTSEL 30 DIE UHREN IN HÖRSAAL H Die richtige Uhrzeit ist 5.35. Es wurden die Zeiten auf Uhr 2, 3 und 4 mit der Zeit auf Uhr 1 verglichen und herausgefunden, dass die Uhren jeweils Zeiten um minus eine Stunde und 10 Minuten, minus eine Stunde und 20 Minuten und minus eine Stunde und 30 Minuten zeigen; also muss die letzte Uhr eine Zeit um minus eine Stunde und 40 Minuten anzeigen. Uhr 4 steht auf 7.15, und 7.15 minus eine Stunde und 40 Minuten ergibt 5.35 Uhr.

RÄTSEL 31 JOSHS BUCHSTABENWÜRFEL In Turm A steht das b auf dem oberen Würfel auf einem weißen Hintergrund. In Turm B hat sich einer der Buchstaben des oberen Würfels aus einem p in ein d verwandelt. In Turm C ist das q auf dem Würfel rechts unten schwarz. In Turm D hat sich einer der Buchstaben auf dem Würfel links unten aus einem q in ein b verwandelt. In Turm E ist das b auf dem oberen Würfel weiß.

RÄTSEL 32 ISABELLES PUPPEN Puppe A und Puppe I sind identisch. Beim kreativen Denken ist es wichtig, sich nicht auf Vermutungen zu verlassen. Man muss sich darin üben, das zu sehen, was wirklich da ist, und nicht das, wovon man ausgeht. Denkaufgaben mit Zeitlimit schulen den raschen Blick für Details.

RÄTSEL 33 SCHIFFE VERSENKEN II

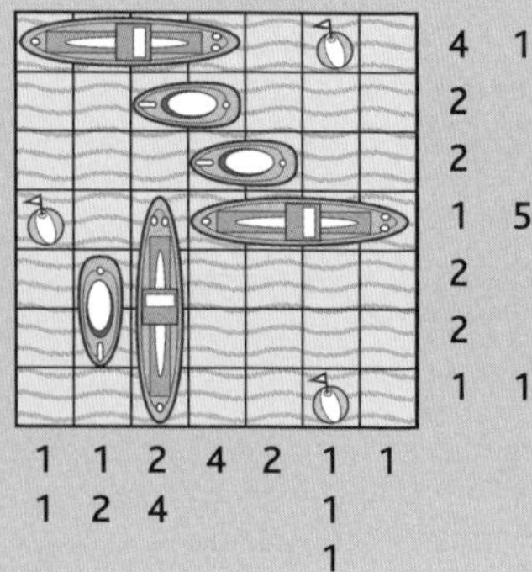

Rechts sind die Schiffe und Bojen ins Spielfeld eingezeichnet. In der oberen (waagerechten) Reihe belegt der Kreuzer beispielsweise vier nebeneinanderliegende Felder und die Boje ein Feld, entsprechend den rechts am Rand stehenden Zahlen 4 und 1. *Schiffe versenken* ist eine gute Übung zur Visualisierung verschiedener Formengruppen innerhalb eines begrenzten Raums.

RÄTSEL 34 EDWIN UND MRS. SIMPSON Mrs. Simpson bekommt doppelt so viele Würstchen wie ein weiblicher Welpe und halb so viele wie ein männlicher Welpe. Sie geben ihr 6, ihrem männlichen 12 und dem weiblichen Welpen 3 Würstchen.

RÄTSEL 35 STAR BAR

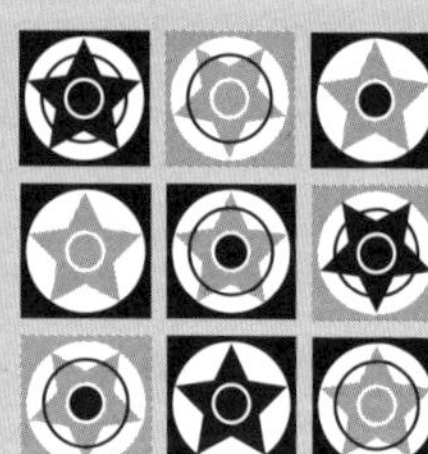

C. Jede Reihe und jede Spalte enthält ein Muster mit einem grauen Quadrat und zwei Muster mit einem schwarzen Quadrat. Außerdem beinhaltet jede Reihe und jede Spalte einen schwarzen und zwei graue Sterne sowie einen positiv und zwei negativ dargestellte Sterne, einen grauen und zwei schwarze kleine Mittelkreise sowie zwei Muster mit einer schwarzen Kreislinie in der Mitte und eines ohne. Daher sollte der fehlende Entwurf ein schwarzes Quadrat, einen grauen Stern (positiv), einen grauen Mittelkreis und eine schwarze Kreislinie beinhalten.

RÄTSEL 36 TOM GEWINNT EINEN SCHULPREIS Tom hat den rechts abgebildeten Weg durch den Irrgarten gewählt und ist dabei auf folgende Summe gekommen: 1 + 1 + 4 +3 + 6 + 5 = 20.

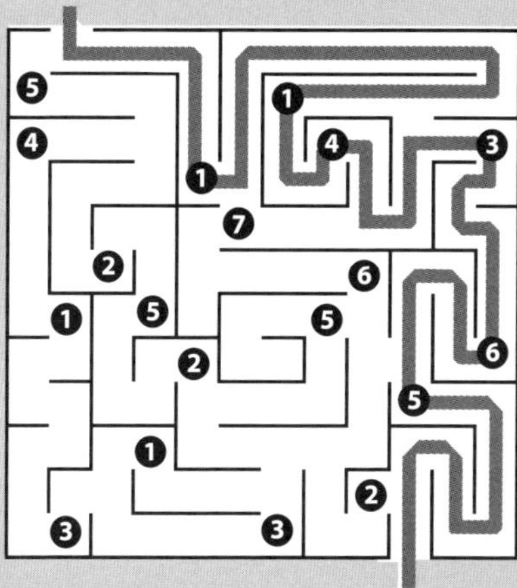

RÄTSEL 37 MEHNDI-IRRGARTEN Der richtige Weg durch den Irrgarten ist rechts abgebildet. Die Ausdauer, die Sie gebraucht haben, um dieses Rätsel zu lösen, spielt beim kreativen Denken eine sehr wichtige Rolle: Oft muss man mehrere Strategien hintereinander versuchen, bis man zum Ziel kommt, ohne sich durch Misserfolge entmutigen zu lassen.

RÄTSEL 38 SPIEGELBILD II

Das fertige, symmetrische Bild stellt einen Schmetterling (vgl. Abbildung rechts) dar. Wie Rätsel 37 erfordert auch diese Aufgabe Konzentration und einen scharfen Blick fürs Detail.

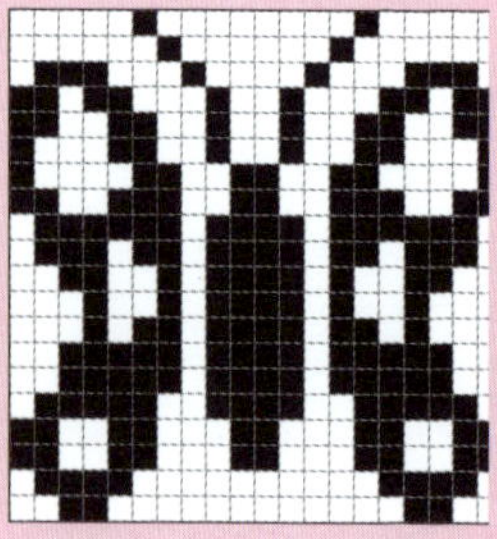

RÄTSEL 39 STERNENHIMMEL

Die richtige Antwort lautet D (vgl. Abbildung rechts). Da die Sternmotive so dekorativ wirken, wenn sie um ihre eigene Achse gedreht werden, ist Peter auf die Idee gekommen, ein solches Muster für das Label in der Mitte einer Schallplatte zu entwickeln.

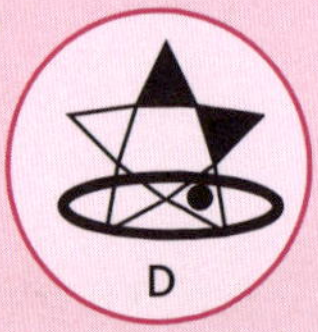

RÄTSEL 40 MISS SHAWS AUSSCHNEIDEFORMEN IV

Die kleine viereckige Form (rechts) ist die einzige, die zweimal vorkommt. Visuelle Muster rasch zu erkennen, ist eine Fähigkeit, die man mit ein bisschen Übung leicht erlernen kann.

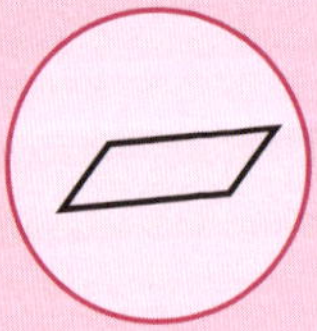

RÄTSEL 41 SCHNEEMÄNNER Bei Schneemann A ist der Besen etwas kürzer. Bei Schneemann B fehlt der unterste Knopf, bei Schneemann C die letzte schwarze Reihe am hinteren Ende des Schals. Schneemann D hat einen schmaleren Mund. Bei Schneemann E ist der Schal etwas anders gemustert: Er hat zwei andersfarbige Streifen.

RÄTSEL 42 CLEVERE DIEBE In der Telefonzelle findet Sir Peter eine Brieftaube mit der Anweisung, den Diamanten in eine Tüte am Bein der Taube zu stecken und sie freizulassen.

RÄTSEL 43 PROFESSOR GREENACRES SCHOKO-PLÄTZCHEN Die richtige Antwort lautet D. Der Kollege, der das Rätsel löst, hat erkannt, dass bei den drei aufeinanderfolgenden Mustern jeweils jedes vierte braune Plätzchen weiß wird, wenn man immer nur die braunen Plätzchen mitzählt.

RÄTSEL 44 BUCHSTABENWÜRFEL II

II Die richtige Antwort lautet E. Wenn man den Grundriss zusammenfaltet, zeigen die zwei N's in die rechts abgebildeten Richtungen; in Lösungsvorschlag C sind die beiden N's falsch ausgerichtet. Fallen Ihnen noch andere Rätsel ein, bei denen ähnliche Fähigkeiten getestet werden?

E

RÄTSEL 45 DAS VERSTECKTE BILD II Das fertige Bild ist rechts abgebildet. Fallen Ihnen kreative Ideen dazu ein, was es darstellen könnte? Es könnte zum Beispiel ein Kreuzritter mit einem riesigen Schlüssel, aber auch der Grundriss einer Kirche oder eines Tempels sein. Ist das Rätsel leichter oder schwerer zu lösen, wenn man die Bedeutung der Form nicht sofort erkennt? Lassen Sie sich durch Ihre Vermutungen nicht von dem ablenken, was auf dem Bild wirklich zu sehen ist!

RÄTSEL 46 SYMBOL-SUDOKU III

Das gelöste Sudoku ist rechts abgebildet. Haben Sie dieses Symbol-Sudoku leichter und schneller lösen können als die vorigen, obwohl es schwieriger war? Symbol- und Zahlen-Sudokus tragen zur Bildung neuer Neuronenverbindungen bei und verbessern Ihr Denkvermögen.

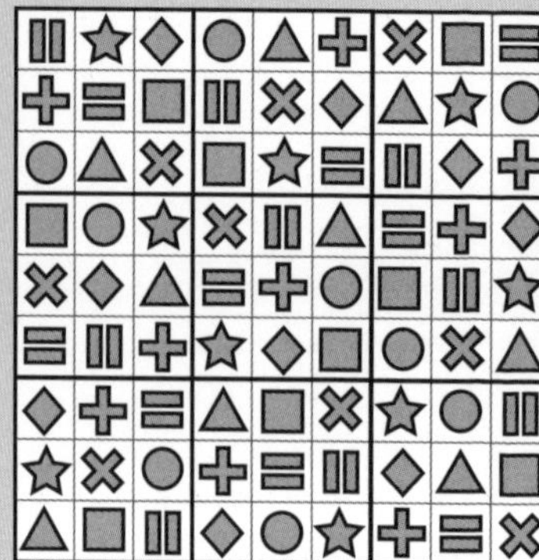

RÄTSEL 47 SCHIFFE VERSENKEN III

Rechts sind die Schiffe und Bojen ins Spielfeld eingezeichnet. Die Lösung eines solchen Rätsels bewirkt ein positives Aha-Erlebnis. Schon seit Beginn der Menschheitsgeschichte waren wir gezwungen, praktische und mentale Probleme zu lösen, um überleben und Fortschritte machen zu können. Deshalb ist das Bedürfnis, Rätsel zu knacken und Probleme zu lösen, tief in unserem Gehirn verankert.

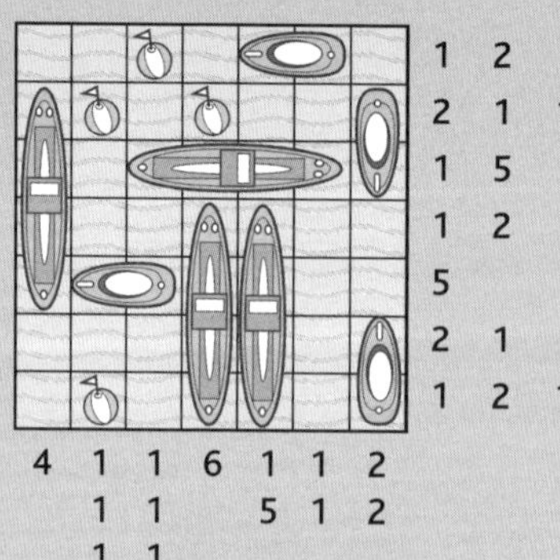

RÄTSEL 48 PROFESSOR GREENACRES NAPFKUCHEN

Henry unterteilt das elliptische Tablett wie rechts abgebildet.

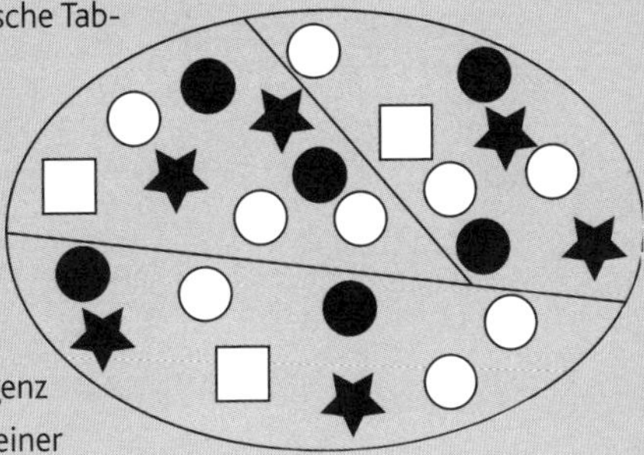

Wenn Sie solche Rätsel innerhalb von 5–6 Minuten lösen können, haben Sie schon große Fortschritte gemacht und eine beachtliche visuelle Intelligenz entwickelt. Falls Sie bei so einer Aufgabe eine Denkblockade haben sollten, schauen Sie ruhig für ein paar Minuten weg oder beschäftigen Sie sich mit etwas anderem! Diese Minuten müssen Sie dann natürlich nicht mitzählen.

RÄTSEL 49 DIE UHREN IM BOOTSHAUS

Die letzte Uhr sollte auf 7.05 stehen. Professor Alexis vergleicht die Zeiten auf Uhr 1, 2, 3 und 4 miteinander: Uhr 2 ist im Vergleich zu Uhr 1 um eine Stunde und 50 Minuten vorgerückt. Uhr 3 »hinkt« im Vergleich zu Uhr 2 um zwei Stunden und 40 Minuten nach; Uhr 4 ist im Vergleich zu Uhr 3 um eine Stunde und 30 Minuten vorgerückt. Also muss die letzte Uhr im Vergleich zu Uhr 4 um zwei Stunden und 20 Minuten zurückgestellt werden. Uhr 4 zeigt 9.25; wenn man davon zwei Stunden und 20 Minuten abzieht, kommt man auf 7.05 Uhr.

RÄTSEL 50 FLIESEN FÜR DIE BÜCHEREI Die richtige Antwort lautet B, denn jeder Buchstabe in der obersten Reihe rückt von Fliese zu Fliese um zwei Buchstaben im Alphabet vor, während die Buchstaben in der mittleren und unteren Reihe jeweils um einen Buchstaben zurückrutschen.

DIE HERAUSFORDERUNG
EIN ARBEITSGEBURTSTAG

Zunächst einmal müssen Sie aus dem Auto herauskommen. Das ist nicht so schwierig: Versuchen Sie es einfach mit der Tür auf der Fahrerseite. Ihre Chauffeurin hatte es ja ziemlich eilig und hat deshalb beim Aussteigen vielleicht vergessen, sie abzuschließen.

Nun stehen Sie also mit dem Schreiben des Kunden und dem Garderobenticket in der Hand im Parkhaus. Sie erinnern sich an die Worte der Fahrerin: »Wir treffen uns dann oben!«, hat sie gesagt. Also müssen Sie wohl mit dem Fahrstuhl hochfahren. Das Tastenfeld neben der Fahrstuhltür besteht aus Zahlen und Buchstaben. Sie versuchen aufs Geratewohl Zahlen und vielleicht auch Ihren Namen in das Feld einzugeben – vergeblich. Über den LCD-Bildschirm flackern immer noch die Fragen: »Wie sind Sie hergekommen? Warum sind Sie hier?«

Sie werfen einen Blick auf das Nummernschild der Limousine, die Sie hierher gebracht hat. Es lautet 5 DEE 467. Nun geben Sie diese Kombination in das Tastenfeld ein; aber die Tür geht immer noch nicht auf. Also lassen Sie sich die nächste Frage durch den Kopf gehen: Warum bin ich hier? Sie wollen zur Firma *SHOOM!*; dieser Name stand ja auch auf der Limousine. Also geben Sie ihn als Nächstes ein – und tatsächlich: Die Fahrstuhltür öffnet sich!

Im Fahrstuhl sind zwei Knöpfe: einer mit einem Pfeil nach oben, der andere mit einem Pfeil nach unten. Sie drücken auf den Pfeil nach oben. Es ist eine lange Fahrt. Unterwegs denken Sie darüber nach, was man aus dem Parkhaus alles machen könnte. Nachdem Sie die Jungs gesehen haben, die auf der Straße Skateboard fuhren und tanzten, und sich an die vielen Rampen des Parkhauses erinnert haben, kommt Ihnen eine gute Idee: Man könnte es zu einem Skateboard-Zentrum mit Tanzflächen und Imbissständen umbauen!

Da öffnet sich der Fahrstuhl, und Sie stehen im Wartebereich eines Nobelrestaurants namens *Moon River*. Ihnen gegenüber befindet sich eine Garderobe. Sie gehen hin und geben Ihr Garderobenticket ab. Verblüfft nehmen Sie Ihren Aktenkoffer in Empfang, den die Garderobiere Ihnen überreicht. Da kommt auch Ihre Chauffeurin auf Sie zu, die jetzt ein elegantes Kostüm trägt. Sie stellt sich Ihnen als Geschäftsführerin der Firma *SHOOM!* vor und fragt Sie, was man denn Ihrer Meinung nach aus dem Parkhaus machen könnte. Ihre Antwort scheint sie sehr zu beeindrucken, aber sie fragt trotzdem noch einmal nach: »Sind Sie auch wirklich sicher, dass Sie wissen, warum Sie hier sind?«

Dann führt sie Sie zu einem Tisch, an dem Ihre drei Schwestern warten. »Herzlichen Glückwunsch zum Geburtstag!«, rufen die drei und erklären Ihnen dann, dass sie das Ganze als »Geburtstagsabenteuer« für Sie geplant hatten. Aber die Firma *SHOOM!* existiert tatsächlich: Die Geschäftsführerin ist eine gute alte Freundin Ihrer Schwestern. Die Geschäftsführerin gratuliert Ihnen, weil Sie in dieser Krisensituation so ruhig geblieben sind und kreativ gedacht haben. Sie lobt auch Ihren Vorschlag für den Umbau des Parkhauses und bietet Ihnen einen Beratervertrag an. Zum Schluss stoßen alle mit einem Glas Champagner auf den Vertrag und Ihren Geburtstag an. Was für ein aufregender Tag!

Eine gewisse Ungewissheit oder Der Zauber der Mathematik Roman von Gaurav Suri & Hartosh Singh Bal (DuMont, 2008)

Der kreative Kick von Roger von Oech (Junfermann, 1997)

Erfolgsgeheimnis Kreativität von Michael Michalko (mvg, 2001)

Und immer wieder die Zeit: Einstein's Dreams von Alan Lightman und Friedrich Griese (Knaur, 2004)

Entdecken Sie Ihre Kreative Intelligenz von Tony Buzan (Goldmann, 2002)

Kopftraining: Anleitung zum kreativen Denken. Tests und Übungen von Tony Buzan und Martin Schulte (Goldmann, 2006)

Das Sechsfarben-Denken von Edward de Bono (Econ, 1989)

Nimm dir Zeit von Eknath Easwaran (Bastei Lübbe, 2002)

Der Einstein-Faktor von Win Wenger und Richard Poe (VAK-Verlag, 2001)

Die große Pater Brown Box von G. H. Chesterton, 6 Audio-CDs (Weltbild, 2007)

Webseiten:
www.creativethinking.net
www.creativethinkingwith.com
www.edwdebono.com
www.imagineitproject.com
www.michaelgelb.com
www.payitforwardfoundation.org
www.winwenger.com

Über den Autor

Charles Phillips hat über 20 Bücher geschrieben und mehr als 25 weitere mitverfasst, unter anderem *Das große Buch der Rätsel und Denkspiele* (2001). In *Ancient Civilizations* (2005) beschäftigt er sich mit indischen Intelligenz- und Bewusstseinstheorien, in *My Dream Journal* (2003) mit dem Traummechanismus des Gehirns. In *Color for Life* (2004) untersuchte er, wie der Mensch Farben wahrnimmt und darauf reagiert. Er sammelt begeistert Spiele und Puzzles.

Weitere Titel aus dieser Reihe: